タウラーの〈魂の根底〉の神秘主義

タウラーの〈魂の根底〉の神秘主義

橋本裕明著

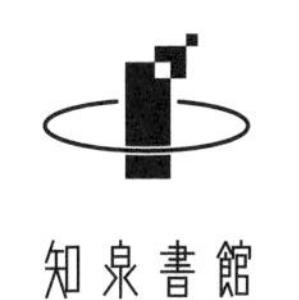

知泉書館

目次

（3）グルントへの人間全体の統合化……一三五

第五章　タウラーの神秘主義的教導のプログラム……一五三

付論　タウラーの説教における比喩表現……一六七

タウラーの〈魂の根底〉の神秘主義

序論

本書は、十四世紀中葉すなわち中世末期の南西ドイツを中心に、主にドミニコ会修道女やベギンあるいは「神の友」[1]（gotesvriunt）運動の参加者など、いわゆる信仰生活の進歩者に対する説教司牧に専念し、神と魂との「合一」（unio）を目標とする実践の道を教導したドミニコ会士ヨハネス・タウラー（Johannes Tauler）の霊性思想の基礎的研究である。タウラーは説教草稿や論述を含めて自著に類するものはほとんど遺さなかったが[2]、彼がミサで行った多くの説教は聴衆である修道女たちの手で記録され、書物にまとめられて、生前すでに一定の範囲内で回し読みされたと考えられる。やがて時代が降り、十六世紀の印刷本の時代を迎えると、彼の中世高地ドイツ語の説教はドイツ語圏で広範囲に読者層を得、またL・スリウスによってラテン語にも翻訳されて、広く西欧の他領域でも読まれるようになった。そしてカトリック、プロテスタント両教会では、さまざまな神秘家、宗教改革者、バロック神秘主義の担い手、敬虔主義の思想家たちに[3]多大な影響を及ぼした。

タウラー自身は一介の修道会司祭にすぎず、神学者として養成された経歴はなかったが[4]、同じドミニコ会のマイスター・エックハルト（Meister Eckhart, 1260-1328）およびハインリヒ・ゾイゼ（Heinrich Seuse, 1295-1366）とともに、ドイツ神秘主義の三巨星の一人[5]として神秘思想史に名を残すことになった。この潮流は、二十世紀の後半から俊秀の神学者エックハルトの思想が再評価され、その関連で注目され始めた。ただしタウラーの場合は、エックハルトと比較すると、同世代のゾイゼと同様に、崇敬する思想上の師エックハルトの神秘思想を独自の立場で展開した説教家として重要な位置を占めながらも、説教思想の研究は日本はおろかドイツなど欧米でも活発であるとはいいがたい。本書では、神との霊性的「合一」の道を歩もうとするミサの聴衆を助けて、具体的な司牧実践をたゆまず教導した神秘家タウラーの独自の説教思想を、とりわけエックハルトのそれとの比較を通じて考察し、全体像を浮き彫りにしたいと思う。

さてここでは、タウラーの神秘思想を考察の対象とするのであるが、一般にキリスト教神秘主義は、浄化（purgatio）、照明（illuminatio）、（神と魂の）合一（unio）の三階梯からなる霊的過程をたどるとされる。ただし、神と魂の合一を目標とするこの思想的立場は、それを首唱する神秘家によってさまざまな形態をとり、それぞれに特徴的な展開を見せている。[6] タウラーの場合は、伝承されたテクスト群からすると、[7] 十四世紀末から十五世紀にかけてオランダに始まる「新しき信心」（Devotio Moderna）の立場に似て、その神秘主義は一貫して「受難のイエス・キリスト」への信従の修練を基礎として展開しているといわなければならない。

タウラーにとってイエス・キリストは、全宇宙の創造に関わった栄光のロゴスでありながらも、人間への無限の愛ゆえに、罪に転落した人間の救済を求めて、十字架の死に至るまで雄々しくかつ痛ましく苦難の道を歩んだ、つねに無我を生き方の本質とする「自己否定」（vernúkeit sin selbes）の神であった。神は人間に、自己放棄のありようを模範として示す一方、自らホスチア（聖体）という霊的糧に姿を変え、食されることで人間と一致するという仕方で、人間の存在全体を「救い」に向けて準備するのである。タウラーはこのように「無我」の神を強烈に意識しており、そこから説教の聴衆に対して、聖霊のはたらきを通して神の子の自己否定の生を「追体験する」（nâchvolgen）司牧システムを構想した。それは端的にいえば、神との愛の交流が起こる魂の究極の「場」

（トポス）から自我の影響を排除し、これまで放置してきた被造物の外的悪影響（霊的汚れ）を徹底的に取り除くことであった。タウラーは説教の中で、聖書や異教徒の思想家らの著作から引用を行い、日常生活からも豊富な具体例を選び出してそれに独自の解釈をほどこすことにより、聴衆に対して、キリストの魂の純粋さにならって自己の魂を徹底的に浄化することを教えた。

その霊的指導には倫理的で修養的な側面が強く出ているが、これは実際には長年の司牧体験に基づく深い心理学的洞察に裏打ちされたものであり、堅実で粘り強い、ある意味で健全と呼ぶべきものとなっている。結果としてタウラーの神秘思想は、神と魂は全く異なる存在であるという存在論的差異を明確にしているために、エックハルトのように、当時のアヴィニョン教皇庁から正統信仰を逸脱した説教家であるとして公式に断罪されることはなかった。[8] さりとてゾイゼのように列福されることもなかった。[9]

ところでこのタウラーの司牧思想、とりわけ神との神秘的合一に向けて聴衆を教導せんとした基礎となる魂論は、一体どのような影響のもとに形成されたのであろうか。彼は神学者である「読師」（lesemeister）[10] の道を歩まず、専ら霊的指導に専念した「生師」（lebemeister）[11] であったが、そのことは先人や同時代人の神学的・哲学的著作を研究しなかったことを意味しない。なぜなら彼は、説教の中で多くの思想家の名を挙げ、引用も行っているからである。F・フェター（Ferdinand Vetter）の編集による説教テクスト本（以下、『V編集本』とする）には、ギリシアの哲学者からプラトン、アリストテレス、プロクロスの名があらわれ、キリスト教神学者からはアウグスティヌス、偽ディオニシオス・アレオパギタ、クレルヴォーのベルナルドゥス、サン・ヴィクトル派のフーゴーとリカルドゥスが、またタウラーと同じドミニコ会ではアルベルトゥス・マグヌスとトマス・アクィナスが引用されている。さらにタウラーの同時代では、同じ修道会の神学者ディートリヒ・フォン・フライベルク、マイスター・エックハルトへの言及が認められる。ただしこれらはあくまでもテクスト上で確認されるもの――したがって重要であることは間違いないが――にすぎず、実際にはさらなる文献を渉猟して自らの司牧理論を構築したと想定される。残念ながら、タウラーの神秘主義の思想的源泉をさぐる先行研究は蓄積が乏しいために、影響関係の研究はなお今後の課題である。[12] また、そのさい念頭に置くべきことは、タウラーはあくまでも霊的司牧者であって、E・フィルトハウトも指摘するように[13]、多くの思想家たちの言説を曲解して引用したり、別の場合には我田引水的に援用している面がないとはいえないということである。この点は注意をする必要がある。

さて本書は、タウラーの神秘的霊性を理解するための基礎作業を試みるものであるが、そのさい大きく分けて二つの考察を中心に進めたいと思う。

第一は、彼の司牧プログラムである「キリスト信従」の内容を彼のキリスト像（bilt Christi）理解をめぐって吟味することである（第三章）。そして第二は、タウラーがこの「信従」という行為を、人間の魂が神との合一を目指す中で聖霊によって浄化されていく過程としてとらえていること、その観点から人間の魂の堕落状況を分析し、さらに実践的指導を引き出していることを指摘し、内容を明確にしたいと思う（第四章）。それゆえ後半部は、タウラーの魂論――ある場合には「心底」（gemuete）とも名づけられる、魂の本体たる「根底」（grunt）[14]（以下、「グルント」、「ゲミュエテ」とする）と「諸能力」（krefte）から成立する――に焦点を当て、魂全体を浄化していくための教導のプロセスを考察することとする。実に、神に愛された魂が神を愛してキリストの純粋な魂に与るべく、聖霊のはたらきに促されて自己を浄化することこそが、タウラーのキリスト信従のありようなのである。

その場合われわれは、『V編集本』でも名前が一度しか現れないエックハルト[15]の魂の本体論を度外視することはできない。いな、むしろそれに基づいて、タウラーの説く神と魂の合一化の過程、とりわけ魂の根底を指すグルントにおける合一のダイナミズムの考察を始めなければならないと考える。なぜなら、魂論の構想という面では、タウラーはドミニコ会の俊英であるこの神学者が魂の究極として提示した、「小火花」(vünkelîn)、「魂の中の一つの力」(ein kraft in der sêle)、「城市」(bürgelîn)、「霊の保護者」(huote des geistes)、「霊の光」(liecht des geistes)、「荒野」(wüeste)、「梢」(wipfel, wipfelîn) などさまざまな形象表現から、特に「グルント」(grunt) に着目し、それを自らの神秘思想の核概念として採り入れたと想定されるからである。タウラーのグルント概念の創出については、H・クーニッシュ (Hermann Kunisch) をはじめ、P・ヴィーザーやL・ストゥルレーゼが考察を試みている(この内容については、第二章第一節で詳述する)。ただしタウラーが自らの神秘主義の主要概念の「グルント」をエックハルトにおける数ある魂の究極概念から選び出し、これにさらに独自の意味機能をもたせて、魂のグルントの徹底的な浄化を追求する司牧プログラムを作り上げたという理解に基づいて、両者のグルント概念を多面的に比較するという試みは、未だ本格的になされていない。

それゆえ本書ではこの観点に立ち、魂の究極を示すエックハルトとタウラーの「グルント」をめぐって両者の魂の本体論を細かく比較・検討した上で、そこからタウラーが創意工夫して展開したグルント概念の独自の内容を明らかにしたいと思う。この点では、タウラーに対するエックハルトの思想的影響を批判的に評価する作業でもある。本書では、ラテン語著作を残したスコラ学者としてのエックハルトではなく、むしろドイツ語説教や論述を著した神秘思想家である後期のエックハルトに焦点をしぼって、タウラーの魂論への思想的影響を検討することにする。(16)

なお本書の第一章では、タウラーの司牧活動と思想を同時代的コンテクストにおいて理解し、第二章では、タウラー説教の伝承や構成に関わるテクスト問題を扱う。さらに第五章では、タウラーの神秘主義的教導のプログラムを整理してまとめるとともに、彼の神秘主義の現代における有効性について私見を述べる。そして付論として、タウラー説教において重要な役割をになう比喩についての考察を行いたいと思う。

本書で使用するタウラーの主要テクストとしては、従来の研究にならって、F・フェターによる編集本[17]（エンゲルベルク写本一二四、フライブルク写本四一、シュトラースブルク写本A八九・九一・八八の五写本から成る八十一編の写本編集本）を用い、以下、本書中でのタウラー説教の引用はVETTERからVと表記する。ただしこれは、フェターがK・シュミット（Karl Schmidt）の書き写し原稿を基礎として編集したものであり、そのさいD・ヘランダー（Dick Helander）が指摘するように、シュミット自身のミスで書き落とされた説教が二編あるので[18]、これも考察の対象とする。またフェターが存在を知りつつもなぜか採用しなかった、A・L・コーリン（A. L. Corin）編集のウィーン（第一）写本二七四四と（第二）写本二七三九についても、これらが『V編集本』には存在しないタウラーの最古のテクストを含んでいるために、本書では取り上げることとし、それぞれ『1W』、『2W』と略記し、引用にさいしては1W、2Wとする。

さらにエックハルトの著作であるが、ドイツ語著作集はJ・クヴィント（Josef Quint）およびG・シュティーア（Georg Steer）の編集による *Meister Eckhart, Die Deutschen Werke*, Bd. I, II, III, IV-1, V (Stuttgart: Kohlhammer, 1958-)を使用し、DWと表記する。なお上記略号V, 1W, 2W, DWの後のアラビア数字は、頁数を示す。

ルターのテクストは、J・K・F・クナーケ（J.K.F. Knaake）他、編集のワイマール版の批判校訂全集 *D. Martin Luthers Werke, Kritische Gesamtausgabe*, unveränderter Nachdruck der Ausgabe von 1883-1929, Hermann Böhlaus Nachfolger, Weimer: 2003を用い、標準の略記表現のWAを用いる。

聖書本文については、『新共同訳　聖書（旧約聖書続編つき）』（日本聖書協会　二〇〇六年）から引用したが，若干の変更を加えた。

註

（1）「神の友」運動はドイツでは十四世紀に活動が始まったとされ、神秘主義の精神的影響のもとに霊的生活を送る信仰集団（大きく分けて聖職者と一般信徒の男女から成る）を指している。この共同体はワルドー派などの異端とは区別されるもので、正統信仰に基づいた活動をしていた。タウラーに関しては、シュトラースブルクのドミニコ会士が、教皇ヨハネス二十二世が同市に下した秘跡授受禁止令（主にミサ聖祭の禁止）を受けてバーゼルに移り住んだ時代（一三三八―四二年）に、その地の「神の友」を教導している。その後シュトラースブルクに帰還した彼は、同地の「神の友」の中心人物ルールマン・メルスヴィンの聴罪司祭となり、バーゼル時代のネットワークも失うことなくこの地の「神の友」運動を支えたとされる。Vgl. Peter Dinzelbacher (hg.), *Wörterbuch der Mystik* (Stuttgart: Kröner, 1989), S. 197f. バーゼル時代のタウラーと「神の友」の共同体との関わりの消息を伝えるものとしては、タウラーの友人で教区司祭であったハインリヒ・フォン・ネルトリンゲンがバーゼルからドミニコ会修道女のマルガレーテ・エプナーに宛てた手紙（一三三九年、四旬節）が残されている。そこにはこう書かれている。„Es begehren auch unser lieber Vater, der Tauler, und andere Gottesfreunde, daß Du uns insgemein etwas schreibest, was Dir Dein Lieb eingebe, und sonderlich vom jetzigen Zustand der Christenheit und der Gottesfreunde, die darunter viel leiden.“ Wilhelm Oehl (hg.), *Deutsche Mystikerbriefe des Mittelalters 1100-1550* (München: Georg Müller, 1931), S. 322.

（2）タウラーの自著テクストは存在が確認されていない。W・エールは、タウラーの自筆として、一三四六年の二／三月にメディンゲンの修道院長エルスベート・シェパハとマルガレーテ・エプナーにチーズを送ったさいに添付した手紙一通を挙げている。さらにタウラーを書き手と想定できる手紙八通と受け手と考えられる一通を付加している（W. Oehl, a.a.O., S. 353-366）。またタウラーの人生の一端を伝えるものとしては、ハインリヒ・フォン・ネルトリンゲンがマルガレーテ・エプナーに宛てて、タウラーがバーゼルからケルンへ旅立ったことを報告する一三三九年六月二一日付の手紙を紹介している（S. 323）。

（3）代表的人物としては、例えばカトリックの神秘家の場合は、スペインの十字架のヨハネ（跣足カルメル会創立者）とイタリアの十字架のパウロ（御受難修道会設立者）、宗教改革者では主にマルティン・ルター、プロテスタントのバロック神秘主義者ではダニエル・チェプコ、アンゲルス・シレジウス、敬虔主義のゲルハルト・テルステーゲン、ヨハン・アルント、フィリップ・ヤーコプ・シュペーナー、アウグスト・ヘルマン・フランケなどが挙げられる。

（4）タウラーは知己のハインリヒ・ゾイゼとは違って、ドミニコ会が十三世紀中葉にアルベルトゥス・マグヌス（Albertus Magnus）を初代の学頭としてケルンに設立し、十四世紀には学問的に勢力を誇った神学院「シュトゥーディウム・ゲネラーレ」（Studium generale）で学んではいないと考えられる。この大学では、将来のドミニコ会を担っていく神学者を養成するための教育課程が用意されていた。タウラーがこのケルンの地で学ばなかった事情は不明であるが、説教の内容からして、少なくとも彼が神学者という研究職に就く希望を持っていなかったためではないかと判断される。彼はむしろ司牧者であることが自分の使命だと考えていた。これに対してゾイゼはこのケルンの神学院で神学課程を修めて、読師の資格を得ている。

（5）A・M・ハースは、ヘーゲルの弟子筋のカール・ローゼンクランツがこの名称を造ったとする。タウラー以外の二人は、エックハルトとその弟子筋にあたるゾイゼである。Vgl. Alois M. Haas, „Deutsche Mystik.“ *Die deutsche Literatur im späten Mittelalter 1250-1370* (München: C.H. Beck, 1987), S. 234.

（6）例えば、J・ズートブラック（Josef Sudbrack）は西洋の神秘主義を、「経験による神認識 cognitio Dei experimentalis」だとしている。その上で神秘主義を、神認識と神経験を区別しない本質神秘主義（Wesensmystik）と、神経験を重視する「神の絶頂において闇を経験する」信仰神秘主義（Glaubensmystik）に分け、後者に「激しい情緒的要素」を伴う女性神秘主義も加える。また、神秘主義の個々の形態的特徴に注目して、神秘的合一を霊的婚姻と見なす花嫁神秘主義（nuptiale Mystik）と受肉者キリストの人性との合一を強調するキリスト神秘主義（Christusmystik）を挙げ、そのうちで特に受難におけるキリストの救済行為を注視する受難神秘主義（Passionsmystik）や十字架神秘主義（Kreuzmystik）などを指摘する。Vgl. P. Dinzelbacher, a.a.O., S. 367-370. ただしタウラーの場合に限っていえば、これらは教科書的な説明にすぎない。タウラーにはエックハルトから受け継いだ本質神秘主義の特徴もあり、それでいて信仰神秘主義の特徴も濃厚であり、また受難も十字架の意味も掘り下げられている（ただし花嫁神秘主義の要素は薄い）。信仰深いタウラーの場合は、十字架で頂点を迎える苦難のキリストの生に信徒が自己の日常を重ね合わせて生きる（依拠する）ことで、魂が浄化されてキリストとの一致から神性そのものへ移されるというウニオのプロセスがあることから、「苦難のキリスト神秘主義」と呼ぶのがふさわしいといえる。

（7）以下、序論第二章で取り上げる生前成立の手写本説教集（ウィーン写本、フライブルク写本、エンゲルベルク写本）は、聴衆によって書き記されたものである。

（8）ただしL・グネーディンガーは、F・H・ロイシェの主張をふまえて、タウラーの説教と偽タウラー的受難黙想が教皇シクストゥス五世の判断により、一五九〇年からローマの禁書目録に載ったこと、それ以前の一五一八年にすでに神学者メルキオール・カーノがタウラーの霊性思想を攻撃したこと、さらにタウラーの説教が異端審問とイエズス会総会議をへて作成された禁書目録に現れたことを指摘している。Vgl. Louise Gnädinger, *Johannes Tauler——Lebenswelt und mystische Lehre*——(München: C. H. Beck, 1993), S. 418. なおロイシェの記述については、F. H. Reusche, „Drei deutsche Prediger auf dem Index.“ *Alemannia. Zeitschrift für Sprache. Literatur und Volkskunde des Elsasses, Oberrheins und Schwabens VIII*, hg. v. Anton Birlinger (Bonn: Adolf Marcus, 1880), S. 24を参照。

（9）ゾイゼは一八三一年に教皇グレゴリウス十六世により列福された。タウラーは福者にも聖人にも叙せられなかったが、深い霊性を湛えたその説教思想の影響ゆえに、十五・六世紀には墓前で、通例聖人に対して行われる崇敬式が挙行された。E・ルカ／橋本裕明編訳『タウラー全説教集Ⅰ』（行路社、一九八九年）、七頁を参照。

（10）「読師」は、修道士の神学学修を担当する有資格者をさす。

（11）タウラーは読師ではなく、むしろ生師を自認していた（V, 196を参照）。

（12）そうした状況において、E・フィルトハウト（Ephrem Filthaut）の責任編集による記念論集、*Johannes Tauler, ein deutscher Mystiker, Gedenkschrift zum 600. Todestag* (Essen: Hans Driewer, 1961) が、この思想的影響を検討した論文を収めている。例えばA・フーフナーゲル（Alfons Hufnagel）の論文 „Taulers Gottesbild und Thomas von Aquin“ (S. 162-177) は、タウラーへのトマスの影響については証明できるものがないとした上で、トマスの ‚Divina substantia est ipsum esse.‘ と ‚Est igitur Deus suum esse.‘ の二文を挙げるが、このトマスの esse 理解を踏まえて、タウラーは神の istikeit, einvaltikeit を強調していると指摘する。またトマスもタウラーも共通して、神を「あらゆる本性における本性 Wesen aller Wesen」と理解するが、その場合には神と被造物の存在論上の明確な区別を前提にしているとする。さらにタウラーもトマス同様、〈作用因 causa efficiens〉が〈目的因 causa finalis〉であると考えているとする。その上で両者の違いは、トマスが神理解において最高真理を最高善に優先させるが、タウラーでは神の本性的善に基づき、神が愛であることを強調する点だとする。

また同論集には、タウラーと同時代のドイツのドミニコ会神学者との思想的関係を探った、フィルトハウトの論文 „Johannes Tauler und die deutsche Dominikanerscholastik des XIII. / XIV. Jahrhunderts“ (S. 94-121) が収録されている。ここではアルベルトゥス・マグヌス、ディートリヒ・フォン・フライベルクについて言及されるが、『V編集本』に出てこない神学者とタウラーの関係も推測されている。フィルトハウトはアルベルトゥスの思想に関して、タウラーがアルベルトゥスの「最高の観照の場、神の像の心理的な場」としての「知性 intellectus」を、自らの核概念である「魂の根底 grunt」に置き換えたのだと述べている。また同じくディートリヒに関しては、事実上の依存関係は不明として、タウラーはディートリヒの「能動知性 intellectus agens」を、アウグスティヌスの「魂の秘所 abditum mentis」論と関連させたとしている。フィルトハウトはこの二人以外にも、タウラーの説教集には名前こそ現れないが、タウラーへの影響を否定できない――思想的に共通する面がある――スコラ学者らに言及している。例えばフーゴ・リペリン・フォン・シュトラースブルク（Hugo Ripelin von Strassburg, 一二六八年没）は、全被造物のイデアが創造以前に神の霊に内在すること、信じる魂に三位一体像が内在すること、人間の心＝メンスはしばしばキリストを生むこと、などを述べたとする。またウルリヒ・エンゲルベルティ・フォン・シュトラースブルク（Ulrich Engelberti von Strassburg, 一二七七年没）は神学の情動的特性を意識的に強調しており、その著作は「神の友」たちに影響を及ぼしたのではないかと考える。さらに、タウラーがヨハネス・フォン・フライブルク（Johannes von Freiburg, 没年不詳）の著作『信仰告白大全』（Summa Confessorum）から、司牧者および説教家として多くを学び、特に祈りが神への心底の運動であることや、真夜中の祈りの重要さを学んだ可能性があることなどを、指摘している。またヨハネス（ピカルディ）フォン・リヒテンベルク（Johannes (Picardi) von Lichtenberg, 没年不詳）は、人間の内なる神の像を魂の諸能力ではなく、魂の実体内に位置づけており、この考えもタウラーと共通する、と述べる。フィルトハウトはさらに、十四世紀前半にシュトラースブルクとケルンで活動したヨハネス・フォン・シュテルンガッセン（Johannes von Sterngassen, 没年不詳）がタウラーの精神的環境を形成したのではないかと考え、またタウラーと同時代を生きたゲルハルト・フォン・シュテルンガッセン（Gerhardt von Sterngassen, 没年不詳）の思索も、内容の多くがタウラーと共通している点から、影響関係を推測している。さらに同時期にケルンで教えていたニコラウス・フォン・シュトラースブルク（Nikolaus von Strassburg, 没年不詳）についても、タウラーが彼のもとで実際に学んだ可能性があるとする。しかしこれらは、影響関係が文献資料上では証明できないため、フィルトハウトの憶測にとどまらざるをえない。彼は「これら（ドミニコ会の）神学者の形成した精神的環境でタウラーが学んだことは事実である」と結ぶが、それは言うまでもないことである。

プロクロス、アウグスティヌス、偽ディオニシウスからの影響については、さらに詳細に検討を加えた個別論文も存在する。それはP・ヴィーザー（Paul Wyser）の„Taulers Terminologie vom Seelengrund", *Altdeutsche und altniederländische Mystik* (Darmstadt: Wissenschaftliche Gesellschaft, 1964), S. 324-354と、その論文の内容を高く評価した上でさらに批判を加えたL・ストゥルレーゼ（Loris Sturlese）の„Tauler im Text", *Beiträge zur Geschichte der deutschen Sprache und Literatur*, 109 Band (Tübingen: Max Niemeyer, 1987), S. 390-426である。両者はタウラーの魂の本体論について精力的に検討している。後者について一点ここで指摘しておきたいのは、タウラーにプロクロスの思想を仲介したとして、ストゥルレーゼがドミニコ会神学者であったベルトルト・フォン・モースブルク（Berthold von Moosburg）の貢献を挙げていることである。

（13）フィルトハウトは、例えばタウラーのアルベルトゥス・マグヌスの引用は、往々にして「自分流の仕方であり、本質的部分の省略や歪曲も恐れていない」（E. Filthaut, a.a.O., S.96）と述べているが、これはタウラーが他の思想家を引用する場合にも考えられることである。

（14）この概念はドイツ神秘主義では一般的に‚grunt der sele'（魂の根底）を意味するとされるが、タウラーは‚grunt'の一語を以て同内容を表現している。

（15）V, 347. この『V編集本』第六二説教では„meister Eghart"と表現されている。タウラーが崇敬するエックハルトの名を明確に挙げなかった理由は、後述するが、教皇によるエックハルトの教条の異端視と深く結びついていると考えられる。この点は、ゾイゼがエックハルトの名を明らかにせずに師の思想的立場を正統信仰であると弁護した『真理の小著』（Daz buechli der warheit, 1329/30）の場合と同様であると推測される。

（16）近年のエックハルト研究では、例えばK・フラッシュなどはラテン語著作をまとめたスコラ学者エックハルトに注目して研究を進め、従来のドイツ語説教者としてのエックハルト理解を補完している。Vgl. Kurt Flasch, Meister Eckhart. Philosoph des Christentum (München: Buchgesellschaft, 2010). これが重要な作業であることは言うをまたないが、本書ではタウラーが直接影響を受けたのがエックハルトのドイツ語著作であると考えられるため、これに限定して検討を行う。

（17）Ferdinand Vetter（hg.）‚*Die Predigten Taulers, aus der Engelberger und der Freiburger Handschrift sowie aus Schmidts Abschriften der ehemaligen Straßburger Handschriften* (Berlin 1910), Reprint. (Dublin / Zürich: Weidemann, 1968). この編集本には、説教のほかに、「論述」（Traktat）や「講話」（Collacie）も混合していると推定されるが、ここではすべてのテクストを「説教」

と見なすこととする。

（18）この二編は、‚Ego si exaltantus fuero, omnia traham ad me ipsum.‘（ヨハネ一二章三二節）と‚Ascendit Jhesus in montem.‘（マタイ五章一―一二節）に基づく説教である。これらは Dick Helander, *Johannes Tauler als Prediger* (Lund, 1923) に補遺（S. 346-361）として含まれている。

第一章　タウラーの思想宇宙

第一節　ドイツ神秘主義とエックハルト

タウラーはアルザス地方シュトラースブルク出身のドミニコ会士であった。彼の修道会への入会から司祭叙階の時期を考えると、誕生年が一三〇〇年で没年が一三六一年であることから、説教家としての実際の活動は一三三〇年頃からの約三十年であると想定される。その間彼は、シュトラースブルクやケルン、バーゼルでの説教活動を通して、キリスト教の神秘主義霊性の修練上の指導の面で大きな貢献を果たした。当時ドミニコ会士は、アヴィニョンに居住していた教皇から、特に同会の修道女やベギンを異端から守る任務を課されており、説教や著述を通して積極的な活動を展開していたが、タウラーもその使命を負っていた。タウラーの特徴は、神秘主義的体験に道を拓く具体的で実践的な霊的司牧にあった。それに対してエックハルトの場合は、神秘的合一の体験そのものに焦点を当てた大胆で高度な思弁、ゾイゼでは、キリストへの愛に基づく苦行の叙述と詩的賛美に、それぞれの表現形式の特徴があったといえよう。タウラーは十六世紀になると、バーゼル版に代表される説教大型印刷本などに「タウラー博士 Doktor Tauler」という学位に類するものを冠されるが、もちろんこれは事実ではなくたんなる尊称にすぎなかった。タウラーは説教活動を通して信仰の進歩者の霊性を深めることに専念した一

(1)(2)(3)

人の修道会司祭にほかならず、ただ思想的影響の大きさが結果して、彼にそのような評価をもたらしたのだといえる。

さてタウラーが新司祭となった一三二五年頃には、エックハルトはすでにパリ大学での教授職を辞してシュトラースブルク、ケルンへと活動の場所を移していた(4)。ドミニコ会の高名なスコラ神学者であった彼は、ドイツに帰ってからは大胆で明敏な神秘主義説教家となり、またドミニコ会の管区長代理を任じていた。したがってタウラーは、おそらくシュトラースブルクでの神学生の時代に、説教や著作を通じてエックハルトから新プラトン主義的色彩の濃厚な神秘主義思想を学び、その魂の本質論は、後のタウラーの神秘主義的司牧の基盤を形成することになったと推測される。それでも実際に『V編集本』でも、エックハルトの名は一度しか現れず、エックハルトを示唆する箇所もわずか二か所しかないのが現実である。エックハルトの教説に対しては、教皇ヨハネス二十二世はケルンの大司教ハインリヒ・ヴィルネブルク（Heinrich Virneburg）の訴えを受けて、異端審問委員会に調査を依頼し(5)、最終的に一九二八年の教皇勅書「主の畑で」（In agro dominico）を著して、教説の一部を異端と宣告した(6)。以後、教会では公式に読むことが禁じられ、ドミニコ会内ではいっそう厳しい処分がなされた(7)。そのためタウラーも、真正の神秘的霊性について教えたエックハルトへの崇敬の念は変わらずとも(8)、ドミニコ会の新司祭としての立場上、エックハルトの名を伏せるよりほかはなかったと考えられる。タウラーの説教においてエックハルトの思想は血肉化しているものの、名が隠されているのには、こうした事情があったと考えざるをえない。しかし他方で、教皇によるエックハルトへの公式の断罪に対してタウラーが完全に批判的立場に立っていたかといえば、そうとも言えず、事情は複雑であったと考えられる。なぜなら当時のドイツは自由心霊派（frije geiste）の異端が猖獗をきわめており、タウラー自身がその運動の理論的基礎にエックハルトの神秘思想が位置づいていたとも推測されるからである。タウラーも、エックハルトが神と人間の一性を説いて両者の存在論的差異を強調しない大胆な汎神論的な表現をくり返したり、神の子と人間との本性上の同等性を述べたり、魂の根底をなす知性の非創造性を語ったりしたことや、ウニオという至高の境地を説きながらもそれに到達するための具体的で堅実な司牧を工夫しなかったことに対しては、異端を誘発する危険があるとして問題にしていたと読める。この間の事実を証明する資料が欠落しているため何ともいえないが、いずれにせよタウラーが、エックハルトが目標とした神秘的合一へと信仰の進歩者を導くために、キリストへの「信従」を前提とした、あくまで正統信仰内での修養的な実践を教導する司牧の道を選びとったことは事実であった。それは別の意味では、エックハルトの高踏的で思弁的な神秘思想を根底的に継承しつつも、現実的により有効なものへと転換したと理解することもできるであろう。(9)(10)

第二節　タウラーの心理学的・修養的神秘主義

ドミニコ会の神秘主義が本来の意味で学問的対象となったのは、ようやく二十世紀に入ってからである。エックハルトについては、確かに十八世紀末にロマン派作家のF・X・フォン・バーダー（Franz Xaver von Baader）によって発見され、その後ヘーゲルやショーペンハウアーが愛読したという記録があるが、本格的に研究されるには、著作集の刊行を待たねばならなかった。F・プファイファー（Franz Pfeiffer）とJ・クヴィント（Josef Quint）は、十九世紀から二十世紀にかけて、ドイツ各地に散逸していたエックハルト作品の諸写本を精力的に収集して編集し直すという、学問上重要な功績を残した。それらは歴史的批判を済ませて、『ラテン語著作集』

(Lateinische Werke)、『ドイツ語著作集』(Deutsche Werke) として出版された。[11] この二人の功績なしには、ドイツ神秘主義の価値は認められなかったといえる。[12] タウラーやゾイゼ、また女性神秘家たちの研究は未だ十分になされているとはいえないが、エックハルトの神秘思想に光が当てられるようになってきていることは事実である。

さて先に、タウラーはエックハルトのドイツ語説教や論述から多大な影響を受けたと述べたが、エックハルトはドイツで活動を開始するにあたっては、もはやスコラ神学者としての立場に拘泥せず、自らの神秘体験についての思索を大胆かつ直截に表現するように努めていた。エックハルトはアウグスティヌスのように神と魂の生きた関係そのものに思索を集中させ、被造物である人間を超越する無限の高みに在すとされる中世の絶対神を、人間が人間自身に対するよりも無限に人間に近い、いな人間と「一」である実在ととらえた。エックハルトの関心は、説教の聴衆や論述の読者に、この両者の「一」すなわちウニオの事態についての自覚をうながし、信仰的次元を探究するように導くことであった。エックハルトにとっては、既成のキリスト教教義から典礼祭儀全般に至る、いわば一連の宗教的な外面性よりも、不可視の神と魂それ自体との無媒介的な関係性こそが重要であり、彼はその思索を深め、表現しようと努めていた。タウラーもまさしくこの試みを継承したといわなければならない。エックハルトの思索に見られる、神性内での人間の魂の先在、神性からの魂の流出に始まり、魂の根底と諸能力の浄化を通して実現する魂の被造性の突破、神性への還帰といった、新プラトン主義的循環は、タウラーの説教活動の少なくとも初期には顕著に認められる。その後の思想的成熟の中で、この立場の端的な表明は影を潜めていくとはいえ、生涯にわたって基礎となっていたと読めるのである。

しかしタウラーは責任を強く意識した説教家であり、修道女やベギンなどが異端に陥る危険を深く自覚していたために、エックハルトにとって致命的となった汎神論との誤解を受ける立場は慎重に避ける必要があった。そのために正統信仰を十分に意識して、聴衆にとって健全で安全な、修徳的で具体的な実践への道を拓いた。タウラーの教導のプログラムの基礎には、自分を否定して人々への愛に生きるイエス・キリストへの「まねび」がある。また聖体の秘跡に養われ強められる修練は、司牧面で不可欠なものであった。説教の聴衆は、日々聖霊のはたらきを受け、自らの苦難の生をキリストの聖なる生へとゆだねて生きることで、魂の浄化の道を歩むように促される。それを継続する中で、人間はイエスの人性との合一からキリストの神性との合一へと移されて、不可視の神性そのものに至ることになるのである。

タウラーの説教には、中世盛期に称揚された栄光のキリストの姿はほとんど現れない。彼が見つめていたものは、復活を約束されたとはいえ、神から与えられた苦難の生を耐え忍び、今まさに十字架上で断末魔の苦しみを迎えている受難の主であった。タウラーは聴衆である修道女らに、このキリストの「自己放棄」のあり方に迫るように求めた。それは第一に、人間が自己を否定することによって、自らの存在の「無」を現実化することであった。次に、自己の魂には自我の毒性が染みわたり、被造物への執着を克服できぬまま汚された状態にあることを認識すること、そうして、本来神に向けて開かれている人間の根源的場すなわち魂のグルントを浄化せんと決意することであった。タウラーは、魂のはたらきを回復してこそ、魂は神と交流できる可能性を現実化できるのだと考えた。タウラーの説教が唱える「神秘的死」(mors mystica) は、これを求めているのである。

註

（1）　タウラーは、ケルンの女子ドミニコ会聖ゲルトルート修道院から少なくとも二度説教の依頼を受けてライン河を下り、同地を訪れている。この時期の説教の最古の記録は、ウィーン写本にリプアーリ語で残されている。タウラーは説教の中で、ケルンの人々の堕落した信仰生活を厳しく批判している（2W, 332-340 の説教 ,Beati oculi qui uident que vos uidetis. を参照）。

（2）十三世紀最後の四半世紀には、ベギンも偽神秘主義の異端思想から影響を受ける危険があった。そこで教会当局は一二八〇年以降、許容できる善きベギンと悪しきベギンに二分することを確認し、ベギン会全体をドミニコ会とフランシスコ会の監督下におく処置を講じた。大半は両托鉢修道会の指導の下に入ったが、少なからぬベギンがケルンとシュトラースブルクで自由心霊派などと結びついて活動し、異端に陥っていった。樺山紘一『ゴシック世界の思想像』、一九九頁を参照。

（3）タウラーはそれぞれの霊的水準に鑑み、「初歩者」（anhebende lúte）、「進歩者」（zenemende lúte）、「完成者」（volkomene lúte）という信徒の三段階を考えている。

（4）エックハルトは一二九三—九四年にパリ大学でペトルス・ロンバルドゥスの『命題集』を講義し、一三〇二—〇三年、一三一一—一三年の二回は同大学で神学博士として教えた。さらに一三一四—一三二三年まではシュトラースブルクで説教家として活動し、一三二四年頃からはケルンに移り、神学院「シュトゥーディウム・ゲネラーレ」で教授職についた。

（5）エックハルトはこの審問手続きにおいて、教皇への上訴を試みてアヴィニョン教皇庁に来ており、告訴状に対する「弁明書」（Rechtfertigungsschrift）を提出した。その中で、告訴者たちの悪意と知的水準の低さを厳しく非難し、自己の教説の正当性を強調している。Vgl. Loris Sturlese (hg.), *Meister Eckhart, Die deutschen und lateinischen Werke. Die lateinischen Werke*, Bd.5 (Stuttgart: Kohlhammer, 2006), S. 197-354. ちなみに教皇とケルン大司教は懇意の関係であった。

（6）エックハルトは教説の十七命題を異端、十一命題を異端と疑われるものとの裁定を受けたが、処分が下る以前に、滞在していたアヴィニョンまたは近郊の地で没した。

（7）W・トゥルーゼンは、教皇はこの勅書をキリスト教界全体に周知はせず、異端の告発をしたケルンの大司教H・ヴィルネブルクやドイツのドミニコ会に送ったと述べている。それを受けてドミニコ会は以後、同会の兄弟エックハルトの存在について沈黙したという。Vgl. Winfried Trusen, *Der Prozeß gegen Meister Eckhart——Vorgeschichte, Verlauf und Folgen——*(Paderborn: Ferdinand Schöningh, 1988), S. 184-193.

（8）タウラーはこう述べている（引用文中の「師」とはエックハルトを指している）。「これ（神との合一）に至る人々は、外的な時間の内に身を置きながら永遠の次元で、外的な被創造性（geschaffenheit）の中にありながら非創造性（ungeschaffenheit）の次元で、外的な多様性（manigvaltikeit）の中にあって単一性（einvaltikeit）の中ではたらくのである。彼らは不和にあっても平和を愛し、愛の望みを抱いてグルントへと沈み（in den grunt sincken）、すべての事物を、かつてそれが永遠に神の内にあったように、そして神がかつてそれを愛され望まれたように、再び神に捧げ返すのである。祈りよりもそれを行うことの方が（神に）近づかせ、いっそう近づかせるのである。ところが生得の理性（natürliche vernunft）によって育ち、自己の可死性へと引かれ、五感に従って生きてきた人間は、その内には入れず、何を介しても近づくことはできない。この他にも、ある愛する師はあなたがたに教え語っておられるが、あなたがたには理解できない。師は永遠の次元から語られたが、あなたがたは世俗的に理解しているからである。」（V, 69）

（9）　汎神論は、創造主である神と被造物である世界を同一と考え、その区別を認めない立場である。そうなると、神は世界に内在することになり、人間も倫理的独立を得られないことになる。もちろん汎神論はキリスト教が許容できない考えである。

（10）　タウラーは『V編集本』第一五説教で次のように語り、エックハルトの説教司牧を批判している。ここでも引用文中の「師」とはエックハルトのことである。「ある高位の師（ein hoch meister）はこの考えについて語ったが、（それに達するための）方法や道は示さなかった（sunder wise und sunder wege）。それゆえ、それを外的に考えて、毒された人間（vergiftige menschen）となってしまう者が少なくない。むしろ（決まった）方法や道を通してそれに達する（mit wisen und mit wegen darzuo kummen）方が、百倍もよい。」（V, 69）

（11）　*Meister Eckhart, die deutschen und lateinischen Werke*, im Auftrage der deutschen Forschungsgemeinschaft (Stuttgart: Kohlhammer, 1958-). 現在もなお継続刊行中である。

（12）　この作業はまだ終了しておらず、現在では責任編集者はG・シュティーア氏に代わっている。

第二章　テクスト問題

第一節　十四世紀タウラー古写本の特徴

神秘家タウラーが説教者として同時代と後代に大きな影響を及ぼしたことは、説教内容を記録した手写本および印刷本、ラテン語翻訳本の数から推測される。しかしエックハルトとはちがい、現在もなお歴史的批判を完了した定本となるべき説教集は刊行されておらず、この刊行はまだ将来のことである。したがってタウラーの神秘思想の研究は、これまでの研究者の場合と同じく、フェターが一九一〇年に編集した八十一編の中高ドイツ語テクストを採用した説教集とその他、内的基準によって確実にタウラーに帰される若干のテクストに頼らざるをえない。

さて、フェターの編集本の刊行は、かなり複雑な経緯をたどった。『V編集本』の序で、フェターはそれを説明している。それまでタウラーについての知識は、いわゆるライプツィヒ本（一四九八年）、アウクスブルク本（一五〇九年）、バーゼル本（一五二一年）、ケルン本（一五四三年）など複数の「印刷本」に限られ、それを最終的に、シュロッサー（Schlosser）[1]が一八二六年に新しい活字で出版した。フェターはこのタウラーのテクスト集に対して、新たな編集本を刊行するようにとのG・レーテ（Gustav Roethe）の勧めに従い、Ph・シュトラウフ

(Philipp Strauch) の助言を受けて、エンゲルベルク写本一二四（タウラーの死の直前の一三五九年成立。[2] 以下、「E一二四」とする）を基礎とした説教集を編集しようとした。

ただし彼は一写本のみでは不完全と考え、さらにK・シュミット（Karl Schmidt）が筆写して遺してくれていた三つのシュトラースブルク写本、すなわちA九一、八九、八八（以下、Straßburg の „S" を採って、「S九一」「S八九」「S八八」とする）[3] から多くのテクストを自らの説教集に採用するとともに、それらを校異の対象とした。この写本も十四世紀にさかのぼると推定されている。これらの写本は一八七〇年の八月二四〜五日のプロイセン軍による市立図書館の焼き討ちで失われていたものであった。[4] まさにシュミットが一八四〇年に「S八九」を書き写し、それを後に別の「S九一」と「S八八」において校訂していなければ、この歴史的文献はこの世から消えてしまっていたのである。

フェターはさらに、レーテを通してその存在を知った、もう一つのフライブルク写本四一（以下、「F四一」とする）をも採用した。これも研究者間では「E一二四」と同じほど古い写本であると考えられているが、正確な成立年は特定できていない。

フェターはこれら五写本を自らのタウラー説教の編集本に導入し、八十一編のテクストからなる刊本を作成した。これは典礼暦にかなり沿ったかたちで編集したものとなった。この編集本は大きく四ブロックから成り、Ⅰ部は説教番号一―三六、Ⅱ部は三六―七一（この三六の重複は、Ⅱ部の冒頭に第三六の結末部が独立して置かれているという意味である）、Ⅲ部は七二―八〇、Ⅳ部は第八一の一編のみである。そしてⅠ部は「S八九」に依拠し、「S九一」「S八八」で補完し、「F四一」を校異の対象とした。そのさい、第一七、一八、二五、二九、三〇、三一、三四、三五は「E一二四」からテクストを作成し、それらは第六〇a、六〇b、六〇c、六〇d、六〇e、六〇f、六〇g、六〇hと表記されて、Ⅱ部に組み入れられている。Ⅱ部ではフェターは「E一二四」に基づき、「F四一」とシュトラースブルク三写本の異文を配している。Ⅲ部は再び「S八九」に拠るが、「S八八」との比較、「F四一」の異文が示されている。そうしてⅣ部は「F四一」だけに伝承されたテクストである。フェターはこの構成に基づき、さらに各写本の順序を典礼暦に則って入れ替えて、完成させたのである。

ところで『V編集本』が依拠する諸写本については、さらに詳細が語られねばならない。それは、フェターが存在を知りつつ不採用としたいわゆるウィーン写本二七四四(1W)と二七三九(2W)である。これらはともに中部フランケン語に属するリプアーリ語で記録されたテクストであるが、この地方語は当時ケルンで使用されていたものである。「1W」はタウラー説教のみで編まれており、タウラーの最初のケルン滞在時の一三三九年にさかのぼる十六編の説教を有している。一三三八年の当時、教皇ヨハネス二十二世は皇帝ルートヴィヒ四世と抗争しており、皇帝側についたシュトラースブルクに秘跡授受禁止令(5)を下していた関係で、教皇に忠実であったドミニコ会はバーゼルに移ったが、タウラーもそれと行動をともにしていた。しかし翌年、ケルン市の女子ドミニコ会から招かれて旅行し、同地に六月—九月まで留まり、説教活動を行ったのである。しかしその時期の説教が「1W」の形態をとったのは、一三四六年と考えられている(6)。この「1W」も典礼暦に従う編成ではない。この内十四編はそのまま、ただし高地ドイツ語に翻訳し直されて「F四一」(二編)、「E一二四」(十三編)、「S九一」(九編)、「S八九」(四編)に引き継がれた。それゆえ「1W」の方が原典に近いといえる。また「2W」であるが、これも成立年は未詳であるものの十四世紀のリプアーリ語古写本であり、タウラー由来とされる諸説教の中では、同じく「F四一」(六編)、「E一二四」(十編)、「S九一」(十編)、「S八九」(十五編)に採り入れられている。この「1W」と「2W」以外の写本は、タウラーがシュトラースブルクを主たる活動の場とし、バーゼルにも数年滞在したため、その時期の説教を集めて高地ドイツ語で行われ、筆写されたのかもしれない。このように十四世紀の写本ではこの「1W」と「2W」が、原典に近い重要な位置を占めるけれども、フェターは採用しなかった。しかし今後のタウラーの歴史的批判テクストの編集に当たっては、このウィーン写本を無視することはできない。E・ルカはこの「2W」に、フェターが依拠した写本以外に、タウラーの「真正」説教と推定できるテクストが十編以上あると推測しているが[7]、これらも当然考慮する必要がある。

第二節　フェター編集本と定本問題

上に挙げた諸写本の年代については、ルカは古い順から「1W」→「F四一」→「E一二四」→「S九一」→「2W」→「S八九」と推定している（ルカは「S八八」は考慮の対象としてはいない[8]）。ただし何とか成立年が特定できるのは、「1W」と「E一二四」だけである。これらの写本にはそれぞれ特徴がある。最初の「1W」は十六テクストを有し、典礼暦によらずに説教を配列している。そのうちの十三編は『V編集本』の収集と共通する。「1W」は、テーマを聖体拝領および告解をどう行うべきかとしており、焦点を人間の魂のグルントに置いて、人間の無と神からの試練について語っている。比較的短いテクストを集めた「F四一」では、聖体拝領についての司牧的配慮はなされておらず、むしろ神から与えられる「試練」（bekorung）と人間のグルントの関係を説くことに集中している。ルカはこの写本を、タウラーの初期から神秘教育を目指す後期への橋渡しの時期ととらえている[9]。次に「E一二四」[10]であるが、この写本は「1W」から十三編と「2W」から十編の説教を採用し、本来のリプアーリ語をアレマン地方の高地ドイツ語に翻訳している。また「Ｆ四一」からも四編を採り上げている。そして「Ｓ九二」は典礼暦に従ってテクストを配列し、四十一編を有しているが、これは「１Ｗ」から八編、「Ｆ一二四」から十九編、「Ｅ一二四」から五編を受け容れている。次に「２Ｗ」であるが、これには未だ「１Ｗ」との融合が見られず、最初の八編以外に「Ｅ一二四」との融合がなく、しかも典礼暦上の配列がなされていない点から、初期の成立が想定される。ルカは、「２Ｗ」がタウラー以外の著者も含んで七十編のテクストから成っており、そのうち三十一編がタウラーに帰されるものとしている。[11] このうち二十七編は『Ｖ編集本』に採用されている。「Ｓ九二」は四十一編を含み、ほぼ典礼暦の順序を守って置かれている。さらに「Ｓ八九」はそれに三十四編を加え、編集段階でさらに八編を足して、八十三編としている。この収集本は十五世紀にはタウラー説教の標準となったが、先の「Ｅ一二四」と合わせて、一四九八年にライプツィヒ印刷本として出版されることになった。

こうした複雑な写本の構成状況の中で、フェターは結果的に、タウラーが生きた十四世紀内成立の「Ｅ一二四」と「Ｓ八九」（「Ｓ九二」「Ｓ八八」による校異を含める）に加え、「Ｆ四一」を受け容れて、高地ドイツ語によるタウラー説教集を編んだ。しかしそれらの写本の中には、実際にタウラー自身がケルンの地でリプアーリ語で行った、より良質の説教テクストの翻訳が多く含まれている。その意味では、フェターは理由は不明であるが、テクスト評価の努力を怠ったのであり、『Ｖ編集本』は歴史的批判版となりえていない。フェター自身も「このテクストがタウラーの説教の統一的な批判的扱いを根本的に断念している」[12] と述べている。それゆえ『Ｖ編集本』は十分な学問的水準に達しているとは言いがたい。しかしタウラー説教について、未だに史的校訂版が出版されていない以上、本書での研究も従来の研究と同じく『Ｖ編集本』を底本に用いざるをえない。もちろんそのさい、先述のD・ヘランダーによる二編の印刷テクストも、加えて検討の対象とする。

ところでルカは、このタウラー説教の「真正性」の議論と関連して、重要な点を述べている。それは、先にも触れたが、タウラーのテクストではテーマと内容の関心の観点で、ほぼ四つに区別可能な違いが認められ、そこからタウラー説教の年代的変化が想定されるという考えである。ルカは、タウラーの説教を通読して受ける「不一致」の印象を問題にする。それはまず以て、「ディートリヒとエックハルトの術語に強く影響された〈思索的〉説教と一見たんなる道徳的・禁欲的な関心しか示さない説教との間の不一致」[13]である。そしてルカはさらに、タウラーの説教テクストを、テーマの点から四群に分ける提案を行う。（一）は、主に秘跡による司牧を狙う説教（告解と聖体拝領のための教育説教）、（二）エックハルトと精神的に近く、新プラトン主義的術語を用いた神秘教育的説教、（三）時流神秘主義と対決し、思慮深さとキリスト教的実践を呼びかけ、静寂主義的傾向を警告する説教、（四）信徒が神からの「試練」と「圧迫」を通してつねに霊的生活を更新すべきことを説く説教である[14]。ルカはこの四区分の中に、タウラー説教における歴史的な「発展段階」を見て取り、次の二モデルを提案した。〈モデルA〉は、秘跡による司牧を目指す説教→エックハルトの思想との関わりから結果した情熱的な神秘教育的説教→神秘主義批判の説教→苦しみ、謙遜、自己放棄を扱う説教である。次に〈モデルB〉は、エックハルトに強く影響された、ラテン語の引用の多い「若い時代」の説教→秘跡による司牧を目指す説教→流行神秘主義を批判し、キリスト者と神の友の苦しみをめぐる説教の展開である。このルカによる歴史的「発展」の仮説は、実際にタウラー説教のテーマが揺れていることから、重要な提案である。これが妥当するのは、恐らくタウラーの約三十年に及ぶ説教活動の充実期の頃からであろう。私見では、タウラーの説教活動の基礎に新プラトン主義的思索があったことは否めない。ただしタウラーの説教は思索を、人間の実存の具体的現実を厳しく凝視する中でさらに深め、より深みのある神秘的霊性を提案していったのだと思われる。タウラーがエックハルトの神秘思想から大きく学んだことは疑いえない。しかし彼はエックハルトの思想を受け入れつつも、ある面ではより堅実な別の道を選択したと言わなければならない。にもかかわらず、後代はエックハルトのテクストをタウラーの説教集の中に忍び込ませて、伝承していった経緯がある。[15] それによりタウラーの思想は純度を薄められてしまったといえる。二人はたんに神秘家説教者として類似性を示しているだけではない。同時に差異が存在するのであり、その面が指摘されなければ、それぞれの独自性をとらえることはできない。

註

（1）この人物についてはフェターは苗字しか記していない。また筆者の調査でも確認できなかった。

（2）Vgl. V, i.

（3）フェターはシュトラースブルク三写本を、K・シュミットの子息であるCh・シュミット（Charles Schmidt）牧師から借用している。

（4）Vgl. V, iv.

（5）シュトラースブルク市は一三二九—五三年までこの禁止令を課せられていた。グネーディンガーによれば、公式の礼拝とりわけミサ聖祭は禁じられ、諸秘跡の授受も緊急な場合以外は許されず、ただ死に臨んでの応急洗礼や聖体拝領、終油だけが認められていた。Louise Gnädinger (hg.), *Johannes Tauler* (Olten: Walter, 1983), S. 13 を参照。

（6）L. Gnädinger, *Johannes Tauler——Lebenswelt und mystische Lehre——*, S. 114.

（7）E・ルカは「2W」から、内在的規準に基づき、(1) ‚Beati oculi', (2) ‚Unse herre J.Chr.', (3) ‚Wan abe is't', (4) ‚Die uzer sinne', (5) ‚Alse iz etwanne', (6) ‚Exivi a patre', (7) ‚In Christo Jesu', (8) ‚Qui est ex deo', (9) ‚Sante Paulus sprach', (10) ‚Eyn mensche', (11) ‚Daz edelste', (12) ‚Wan der mensche', (13) ‚Unse herre sprech' を、さらなる「真正」説教と見なしている。Eugen Rucker, „Die authentischen Tauler-Predigten."（南山大学研究紀要「アカデミア　文学・語学編47」、一九八九年）S.136 を参照。

（8）上掲論文。ただし「2W」を「1W」と切り離して後に置くルカの考え方は、さらに説明がないと納得はできない。むしろ「2W」のリプアーリ語説教が翻訳されて、高地ドイツ語説教集に収録されたのではないだろうか。

（9）E・ルカ／橋本裕明編訳『タウラー全説教集Ⅱ』（行路社、一九九一年）、一五一頁。

（10）これはスイスのベネディクト会エンゲルベルク修道院に所蔵されているが、L・グネーディンガーは、もともとはシュトラースブルクのウンディースの聖ニコラウス修道院（女子ドミニコ修道会）で成立したものと推測している。L. Gnädinger, *Johannes Tauler*, S. 23.

（11）E・ルカ／橋本裕明編訳『タウラー全説教集Ⅳ』（行路社、一九九九年）、二頁を参照。

（12）V, 8.

（13）E. Rucker, a.a.O., S. 127.

（14）Vgl. ebd.

（15）K・ルーはこの一例として、十六世紀のV・ヴァイゲル（Valentin Weigel）がエックハルトの貧の説教（Armutspredigt）を丸ごと一巻のタウラー編集本（,Zweene Tractat', 1570）に受け入れたことを指摘している。ルーによれば、ヴァイゲルは（実作者不明の）エックハルト説教をも伝承している一五二一年のバーゼル版タウラー本に基づき、タウラーとエックハルトを同一本に受け入れたという。Vgl. Kurt Ruh, *Meister Eckhart, Theologe—Prediger—Mystiker* (München: C. H. Beck, 1985), S. 164.

第三章　タウラーにおける「キリスト信従」（nachvolgunge）

第一節　キリストとは誰か――自由心霊派への批判の焦点

タウラーが生きた時代、ドミニコ会士やフランシスコ会士は、異端運動から説教活動などを通して修道女や信徒を守るように、教皇から使命を与えられていた。タウラーの説教では異端は、特に「自由心霊派の兄弟姉妹団[1]」として明示されて登場している。タウラーは、このセクトは「偽りの照らしを受けて（mit iren valschen liechtern）真実（worheit）を悟ったと思い込み、それで快を得、自己満足し、心を誤って解放し（in ir valsche lidikeit）、キリストに無礼な物言いをしたり、イエスの像（bilt）を超越していないのか、など勝手なことを述べている[2]」として、彼らを厳しく批判している。この「（イエスの）像」（＝中高ドイツ語の ,bilt'）とは、タウラーの説教のコンテクストでは、いわゆる「形像」というよりもむしろ「（イエスの）存在」を意味していると読める。タウラーは、このセクトの信徒との対話を仮構して――とはいえ当時は十分に現実的であったが――こう述べている。

ある人々（etliche lúte）は「あなたはまだそれを乗り越えて（darúber komen）いないのか」というであろう

が、私はそれに対して、「なんぴとも（nieman）主イエス・キリストの像（bilde）を乗り越えることはできない」と答える。(3)

これはシュトラースブルクの修道院で、男子ドミニコ会員を前にして行った霊的講話（コラッィエ）と推定されるが、この引用中の「ある人々」とは、自由心霊派の信徒を指していると想定される。彼らの主張を予想してタウラーが反論したのである。十四世紀前半にベガルドやベギンの運動から分派して急進化した自由心霊派は、ケルンやシュトラースブルクなどの大都市で、カトリックの教義や教会組織に反対する活動を広範に展開していた。(4)彼らは教義の面では、正統信仰に基づく神秘主義と同様に、神との合一を説いていた。しかし両者には決定的な違いがあった。それは前者が、神との合一は神の「恵み」（gratia）なくして実現しないとするのに対して、彼らは「人間本性」（natura humana）に基づいて可能であると説いていた点にある。また合一自体も、教会はあくまで神と人間との厳然たる存在論的区別をふまえた上での霊的交感という仕方で認めるのに対し、このセクトは無差別の存在論的一致を明確にしており、立場は汎神論的であった。それゆえ彼らにおいては、教会の根本教義であるイエス・キリストの贖罪死と復活による救済はすでに不要であり、厳しい自力的な修練を果たして「完成者」（perfectus）の地位にまで登りつめれば、すでに神と完全に合一しているのであり、もはや修養的実践という拘束も免れていたわけである。(5)この異端セクトにはベギンも紛れて参加していた可能性もあったことから、説教家として司牧に責任を有するタウラーがこの集団への批判を強めたのは、しごく当然のことであった。

また自由心霊派はエックハルトの教えからも多くを曲解して吸収しており、タウラーもゾイゼもエックハルトの教説の真正性を弁護するために、誤った解釈と対決しなければならなかった。(6)タウラーは説教で、正統信仰を惑わすエックハルト風の偽神秘主義の危険な徴候をたびたび指摘し、厳しく批判を加えている。

こうした事実を前提とすれば、先の問答は理解しやすいものとなる。自由心霊派が否定する「（キリスト）像」とは、タウラーにおいては決して凌駕できないものである。像はまず、神の第二のペルソナが受肉した人としての姿、キリストの人性をあらわしている。しかし像はまた、すべての被造物がそれを介して創造された永遠のことば＝ロゴスとしての神性を含んでいる。自由心霊派が、人間の救いにはもはや受肉者イエス・キリストの仲介的役割は不要であり、神との合一のためにもこの受肉者への信従は不可欠ではないとする主張を、この神秘家は言下に否定しているのである。タウラーからすれば、人間は「イエス・キリストという証人（gezúge）を通らねば、神の本性（goettliche natur）に近づくことはできない[7]」のであり、それゆえにこのキリスト信従は、人間の救いにとっては不可欠の前提条件であったからである。ここには受肉者による救いのはたらきを自己の神秘思想の中心に据える、ドミニコ会説教家タウラーの立場が明らかに示されている。彼はミサの聴衆に対して、人間は死ぬまで「主イエス・キリストの足跡に（in den fuosstaphen）堅く（hert）しっかり（vaste）立っていなければならない[8]」として、キリスト信従を熱心に説き[9]、次のように語っている。

あなたはあなたの神をこう認めるべきである。ひとりの人間としてではなく、天の国と地の国とをかつて一つの言葉で創造なさり、再び無とすることがおできになる、最大の、力ある、永遠の神としてである。この御方は、あらゆる本性を超越され（über weselich）、認識を超越して（über bekentlich）おられながら、ご自分の惨めな被造物のために無となる（ze nút werden）ことを欲された。［…］あなたは十字架の下に身を屈せよ。［…］あなたの不遜な（hofertig）ゲミュエテを主の茨の冠のもとに屈し、内的かつ外的に、あらゆる方法によって真の自己批判を行ない、服従するゲミュエテを自分のものとし、十字架につけられたあなたの神に従え。なぜなら、あなたの偉大な神は、同じように無となられ、ご自身が造られた物によって裁かれ、十字架につけられて死なれたからである。[10]（ブラケット内は引用者による。以下同様。）

タウラーの神秘主義は、人間への愛ゆえに苦難の道を歩んだイエス・キリストの「自己を空じた」生の深遠さをつねに凝視しており、聴衆あるいは（説教集の）読み手に対して、自らの十字架を背負ってそのキリストに信従するように強く求めている。それは、キリストに認められるごとき「無私」を模範として、聖霊の力に助けられて自我を捨て、魂を徹底的に浄化していく修練であり、神との神秘的合一を目的とするものであった。

タウラーのキリスト信従は、中世の教会がくり返し一般信徒に実践を呼びかけた、たんに十戒を守るという倫理的レベルを越えたものであった。そもそも彼はドミニコ会の神秘家説教者として、人間の魂と神との合一を至福そのものとする立場をとっており、また聴衆も大半は、修道生活に人生を賭けた信仰の進歩者であった。彼らは霊的深化の道を歩んでいた修道女やベギン、「神の友」の共同体の参加者であった。それゆえタウラーは彼らにいっそう大きなものを要求した。そのキリスト信従には、神によって、目に見えるイエスから、目に見えないキリストへと移相されるプログラムが含まれていた。

彼は、説教第五七「二人の人間が祈るために（神殿に）上って行った」（Duo homines ascenderunt ut orarent.）では、「イエス・キリストの尊い生涯と苦難という愛すべき木（minnekliche bovm des wirdigen lebens und des lidens）に登り、栄光を受けた（五つの）傷に入り込み、さらにキリストの尊く気高い神性の梢（tolde siner hoher widiger gotheit）にまで上がる」[11]ように促している。実にタウラーにおいては、キリスト像は人性と神性の両面を含んでおり、人間は徹底した信従の修練において、キリストの人性との一致を越えてキリストの神性に与ることが可能となるのである。そして最終的に、不可視の神との合一に至るわけである。

タウラーは合一を、第四一説教「イエスはシモンの舟に乗られた」（Ascendit Jhsus in naviculam que erat Symonis.）において、「被創造の深淵（das abgrúnde das geschaffen ist）は非創造の深淵（das ungeschaffen abgrúnde）を自らの内に引き入れ、二つの深淵は唯一の一（ein einig ein）、純粋な神的本性（ein luter goetlich wesen）となる」ことだと語っている。[12] これが彼のいう人間の裸の魂と神自体との合一である。ただし、ここでわれわれは、タウラーにおけるこの不可視の神が、エックハルトの「神性」（gotheit）のように、三位一体をさらに超えたところに措定されているのではないことを確認しておかねばならない。タウラーはこの点ではエックハルトに従っているとはいえず、曖昧さを残しており、不可視の神も三位一体性を突破することはないと考えることができる。

このように、タウラーも異端の自由心霊派と同じく、神と魂のウニオの事態そのものに人間の至福を求めたことがわかる。ただし両者の神学的立場は、このセクトが「受肉者による救済」という唯一絶対的な事態を認めないという点で、決定的に相違していた。自由心霊派はその意味で、すでにキリスト教ではなかったのである。これに対して、タウラーの思想は、キリスト神秘主義とも呼びうるほどに、十字架を背負った苦難の受肉者への集中的な沈潜を示し、その自己放棄のあり方を深く考察するとともに、霊的進歩者が歩むべきキリスト信従の道を明確にしているのである。

それでは次に、タウラーのキリスト理解について検討し、彼がキリストのはたらきを、不浄な我意の支配から人間の魂のグルントを解放し、神性に向けて突破できるように準備するものであることを確認してみたい。そのさい、タウラーのキリスト像の特徴を明らかにするために、エックハルトやゾイゼのそれと比較を試み、さらにタウラーが深甚の影響を及ぼした若きルターのキリスト像をも考察する。

第二節　キリスト像のはたらき

（1）「像」（bilt）の伝統的解釈

まず、タウラーのキリスト像は伝統的教義に立脚していることが指摘されなければならない。タウラーは公会議が決定した信経をふまえてキリストの生を語っている。教会はキリストの本性をめぐる長い論争の果てに、三二五年、ニケア信経をカトリックの信仰箇条として決定した。内容は以下のとおりである。キリストは創造によらずに父なる神より生まれた神の独り子であり、父なる神と本質を一にする真の神であり、万物が彼によって創造されたという神のロゴスである。しかし人間を堕罪状態から救い出すために、聖霊によって処女マリアに受胎して人となり、十字架の死による唯一無比の贖罪によって、人間に再び神に至る道を拓いた。そして世の終わりに、生きている者と死んだ者の罪を裁くために来臨する。[13]

さらに教会はコンスタンチノープル信経（三八一年）、カルケドン信経（四五一年）へと、引き続きキリスト論の解釈を深めて、キリストの神性と人性との区別を明確にし、キリストの神性は父なる神と「同一本質のもの（ホモウシオス）であり、その人性は他の人間と同一本質のものである」[14]とするキリスト両性説を明らかにした。タウラーはこの神学的伝統にほぼ全面的に従って、自らのキリスト理解を示している。ただし誕生に関しては、説教第一「男児がわれらに生まれ、息子がわれらに与えられた」（Puer natus est et filius datus est nobis.）において、父なる神からの誕生、処女マリアを母とした誕生にさらに加えて、信徒の魂内での誕生を語っており、この最後の誕生は信仰箇条にはないものである。ここには、人間が聖霊のはたらきを受けて目下の我執的自己を空じていくことで生起する、魂のグルントでの神との合一の可能性が示されており、これは神秘神学の独自の立場であるといえる。この第三の誕生はH・ラーナーによれば、オリゲネスが指摘しているものであり、エックハルト自身もアウグスティヌスも指摘していると考えられていたものである[15]。

ところで上述のニケア信経における神のロゴスは、パウロ神学では「神のイマゴ」(imago Dei) であるとされる。パウロによれば、堕罪状態にある人間は「神のイマゴ」であるキリストの福音の光を見て救いの道をたどるのであり[16]、神は人間を「御子（キリスト）のイマゴ」(imagines Filii) に変容させ、キリストを長子とする計画を立てたとされる[17]。

タウラーはこの「御子（キリスト）のイマゴ」の「イマゴ」を「像」(＝bilt) と訳し、「キリスト像」(＝bilt Christi) と表現している。「像」には人性と神性の両面が含まれている。タウラーは説教集において、この「キリスト像」のはたらきを重視している。一般に、「像」(bilt) はタウラーの神秘主義の根本概念に数えられる。ただし「像」は概して否定的な意味合いで用いられ、神との合一の道程において魂の歩みを妨げる、感性と理性によって形成される心的産物を指している。この障碍となる「像」は、タウラーの神秘主義では最初に克服されなければならないものである。しかし「像」はまた、人間の魂のグルントに住まう三位一体の神にも適用されて、「三位一体像」(bilt der drivalticheit)[18] という表現が造り出されている。これは神の神秘の次元を人間存在の延長線上で、断絶を前提としてとらえ直したものであり、いわば肯定的な意味の「像」となっている。タウラーはこの表現を用いて、アウグスティヌスのごとく、魂の根底に住まう三位一体の神に対する関係性を述べている[19]。

さて次に「キリスト像」であるが、これについてタウラーは一見矛盾することを述べている。この「像」はまず、先の引用にあるように、人間が生涯にわたって決して乗り越えることができないものであることを、彼は多くの説教の中でくり返し述べている。それゆえ、これは彼の確信であったにちがいない。しかし彼は例えば、説教第四七「われらが霊において生きているなら、霊において歩もうではないか」(Fratres, si spiritu vivimus, sptritu et ambulemus.)では、この「像」は乗り越えられるべきものとした。彼はそこで聴衆に対して信徒の三段階の生き方を掲げ、第一段階を自分自身および隣人と関わるもの、次の段階を「われらが主(=キリスト)の諸像(=生き方)に従う」(in den bilden unseres herren)生き方、そして第三段階を「非像的なもの(=像を超越したもの)(unbiltlichen)」と述べている。[20] そのさい、キリストに従う第二の段階には、キリストの人性との一致からキリストの神性へと移される過程が含まれていることに注意しておきたい。この階梯を見ると、最後は、すでに神性そのものへ向かう霊的人間の段階と解することができる。とすれば、第三段階では「キリスト像」は論理的にはすでに克服されていることになる。つまり、最終段階に達した霊的人間においては、この「像」はもはや絶対的たりえないわけである。このタウラーの主張にある矛盾をどう理解するべきであろうか。まず、不可視の神との合一は人間の魂が最高の目標とすべきものだと一貫して主張されていることから、この三階梯は堅持されているといえよう。その意味では「キリストの像」は最終的に乗り越えねばならないものとなる。しかし第三段階での永続的滞留は、この世にあるあいだ自然本性(natura)の桎梏を逃れえない人間において、はたして実現されうるものであろうか。たとえ神の恵みによって合一を体験できたとしても、そこから再び退転せざるをえない現実を、タウラーは冷静に見ていたのではないかと思われる。それゆえ、死後に神性との完全な合一を実現させようとして、人間は生涯を「キリスト像」と関わって生きるべきであると主張したのではないだろうか。タウラーが聴衆に対して、キリストの「無」にならうこと、すなわち自己を徹底的に否定し、自己を神にゆだねきる生き方を選択するように強く促したことは、彼岸での神との本来的な合一のために魂を準備させることを意図していたからであったと考えられる。ここにわれわれは、タウラーの司牧者としての使命を見てとることができるであろう。

（2）超越し内在するロゴス＝魂における光であり、言（ことば）である神性

タウラーは神性としてのキリスト像を人間の魂のグルントに見る。先に、三位一体像がこの場に住まうことを指摘したが、「キリスト像」はタウラーによれば、このグルントで光として、言としてはたらいている。この「像」は人間に我意の否定と神への自己の譲渡を教え、代わりに神の「本性と生命、至福と喜び[21]」を与えるとして、神との合一を約束するものである。光としてのキリストは、ヨハネ福音書をふまえた西洋神秘主義の主要理解であるが、もちろんそこにはプラトン主義の影響がある。

これについては、タウラーは説教第六一「この人は光について証しするために来た」（Hic venit ut testimonium perhiberet de lumine.）で二つの光に言及し、説明を加えている。タウラーはそこではまず、ヨハネ福音書第一章の洗礼者ヨハネの証しに触れ、キリストは「本性的で、全認識を超越し、全事物を超越した（übertreffich）[22]」非創造の光であり、この光は「最内奥（das aller inwendigoste）、人間のグルントの最深（das aller tiefste des menschen grunt）を照らす[23]」という。しかしタウラーは、人間はそれを受け入れないと言下に否定する。それでも人間の救いを望む神は、創造された光である「超自然的な（übernatürlich）助けと超自然の力である恩寵の光（liecht der gnaden）[24]」を人間に与えたのである。人間はこの恩寵の光によって欲情能力（begirliche kraft）と憤怒

能力（zürnende kraft）という低次の能力と理性[25]（vernunft）、意志（wille）、愛（minne）という高次の能力を照らされ、霊的深化をたどる。そしてついには非創造の神の光を見、また自らが「自らの非創造性ゆえに永遠に神の内にとどまっている[26]」事実を知るのである。このようにタウラーは人間に被造的次元からの離脱を促し、神との合一に向かわせる恩寵の光と神性そのものである光を区別して、自らの論を展開している。

しかしさらに説教第十「私は世の光であると主は言われる」（Ego sum lux mundi dicit dominus.）では、「ほんらい闇（dunsternisse）にすぎぬあなたの光を、私の光のために放棄せよ[27]」と述べて、人間の自然本性を被造的光として位置づけている。こうしてタウラーでは「光」の三構造論が成立している。すなわち自然本性的光、恩寵の光、神たる光がそれであり、前二者は創造されたもの、後者は非創造のものとされている。

ところでこの区別は、まさしくスコラ神学の区別であった。タウラーが人間本性に与えた光は、感覚的認識と理性的認識を可能とさせる「自然的光」（lumen naturale）であり、人間に神の真の姿を示す恩寵の光は、キリストがもたらした「超自然的光」（lumen supernaturale）であり、最後の神自身である光は、「栄光の光」（lumen gloriae）と呼ばれるものである。それゆえタウラー自身は、このスコラ的区別を前提として、神性へ向かう神秘主義的階梯を形成したといえるであろう。キリストは、神性の面で神自身であり、同時に人間を神に向かわせるための「恩寵の光」（lumen gratiae）をもたらすものであった。

さて永遠のロゴスであるキリストは、さらに言（ことば）としても魂に内在する。タウラーは言について、アウグスティヌスのように、それは言いえないほど人間に近い（unsprechenlichen nach）ものであり、たえず語りかけようとしているという[28]。しかし人間はその声を聞かない。被造物の「像」によって言が妨げを受けるからである[29]。

こうして神性としてのキリスト像は、人間を無限に超越するかたちで、魂のグルントに内在しているのである。

（3）キリストの人性としての「像」

タウラーの「キリスト像」は神性と人性を含んでいるが、説教では苦難の神の子に焦点が絞られるため、むしろ人性の面が強調して語られている。彼は司牧者としてキリスト信従を説く立場から、自らを「生師」であると自覚し、信仰の進歩者である聴衆を神との合一に向けて準備することを何よりも考えていたはずである。だからこそ、彼は説教でつねに人間の心を深層まで掘り下げ、罪に転落している現実と神に向かう足取りの危うさを見定めた上で、聴衆に対してキリストへの信従を厳しく迫った。タウラーは、キリストの生き方と業、内面の徳、人間への愛を徹底的に探求し、神の子の栄光を最も美しく輝かせている十字架上の苦難を自らの身に追体験することこそが、魂を病んだ人間が神に近づく最善で最短の道であることを倦まず説いた。

先にタウラーの「キリスト像」（bilt Christi）が伝統的神学をふまえていると述べたが、この観点からすれば、中高ドイツ語では ‚bilt' すなわち ‚bilde' が ‚Vorbild' の意味を含んでいることからしても、この語はまた信従の「模範」をも意味しているといえる。タウラーはこの ‚Vorbild' を意味する中世ドイツ語の ‚vorbilde' を用いずに、‚bilde' で代用しているのである。

タウラーは復活したキリストよりも、むしろ十字架を背負う苦難のキリストを語った。それには終末的絶望感に彩られた中世後期の時代的雰囲気もあったであろうが[30]、何よりもタウラーが人間の救いがたい堕罪の現実を見ていたことが挙げられねばならない。人間の悲惨はキリストの十字架の贖罪死と復活によってしか克服できないとして、両者を内的に関係づけたのである。人間は原罪の決定的な影響により、被造物と自己に強く愛着する者となり、本来神に向けて開かれているべき自己の魂のグルントを閉じてしまうために、「我が主の愛の傷はその惨めさによって引き裂かれる[31]」のである。このようにタウラーでは栄光の神の子キリストは影を潜めて、苦難のしもべの姿が前面にあらわれる。タウラーの神秘主義は、十字架のキリスト神秘主義でなければならなかった。もちろん十字架は、逆説的に復活の栄光と結びついている。タウラーの目に映った受肉者キリストは、人間を絶対的に超越する他者でありながら、限りない愛ゆえに受肉と磔刑死によってすべての人間を救おうとする神であった。神は紀元一世紀当時のパレスチナに生きた歴史的人格でありながら、アウグスティヌスが指摘するように[32]、人間の魂が魂自身に対するよりもさらに人間の魂に「近く」(nah) 現臨する、内在の神でなければならなかった。

キリストはまた、人間がその中に自己を形成すべきである絶対の「模範」でもあった。それではタウラーはいかなる意味でキリストを模範とするのであろうか。一言でいえば、「無」(niht) である。キリストは「神の身分でありながら、神と等しい者であることに固執しようとは思わず、かえって自分を無にして、しもべの身分になり、人間と同じ者になった。[…] 死に至るまで、それも十字架の死に至るまで従順であった[33]」のである。彼にとって、キリストは「無化」(vernüten) すなわち自己否定と神への自己譲渡の模範であった。タウラーは、人間がこのキリストの生き方にならい、自己が被造物にすぎないという存在上の「無」と、原罪ゆえに自然本性が毒されており、たとえ回心や信仰や洗礼によって原罪が赦されても、否応なく自罪を犯してしまうという倫理的「無」を背負った現実を受け入れ、その「現実そのもの」となり、自己に運命づけられた人生の苦難をキリストの苦難と重ね合わせて生きていくことを求めた。それはキリストの「無」にならう、自己を無化する生き方そのものであった[34]。罪からの人間の救済は魂全体の浄化を前提としており、その過程は感性的能力と理性的能力を経て、魂の最内奥であるグルントにまで及ばなければならず、そのためにはへりくだって神に自己を譲渡することが不可欠であった。この浄化はイエス・キリストを模範として、この受肉者の内に自己を形成することによって、つまり「キリスト像」と一つになることで実現するのであった。

(4) 人間の自己形成の模範としてのキリスト像

タウラーのいうキリスト信従は、例えばキリストの生涯を大いなる喜びと涙を伴って黙想するような感情的な没入体験とは一線を画している。むしろそれは、日常生活のすべてにおいて神を信じ、神に完全に身をゆだね、神から受けたものを神に完全に「捧げ返し」(üftragen)、どんな苦しみをも耐え忍んで生きる、地道な実践を要求していた。それはキリストの生きざまにほかならず、人間もそれにならってキリストと苦難を一つにする修練を行わねばならない。タウラーは神が生活のさ中で人間に試練を与えて救うさまを、説教第六〇f「私の肉を食べる者は」(Qui manducat meam carnem.)で、鹿狩りの喩えを用いて語っている。そこでは人間は自己を悪魔にも劣るとさえする謙遜を体して、神の試練に身をゆだね、自らも神のはたらきを受けて、自己の内面を根底に向けて準備するよう意志しなければならない。神の能動に対応した自己の能動が要求されるのであるが、タウラーでは魂の浄化の過程では必ずこの協働が生起している。

また、第三七「ある婦人が十ドラクマを持っていて」(Quae mulier habens dragmas decem)の説教では、このことは、一ペニヒを失くした女が灯りを点して家中を探し回る喩えで表現されている。そこでは、人間が神を自分の魂のグルントに見出そうとして、五感によって運び込まれた「像(bilde)と形式(forme)に関わるもの、空想と想像力と感覚的な全表象(die fantasie und die bilderinne und alle sinneliche bilde)」[35]、理性に基づく「像(bilde)や方法(wise)や業(würkunge)」[36]を捨てるときには、同時に神が家を掻き回して人間を探すといわれる。こうして人間の能動に神の受動が対応し、人間の受動に神の能動が対応するのである。このように人間の浄化は神と人間の協働において成立するが、その実、つねに神のはたらきが人間のそれに絶対的に先行している。タウラーは人間が神を受けようと自己の魂のグルントを準備しようとするとき、神が人間の中ではたらいて準備し、神自身を受けるといい[37]、神の恵みの絶対性を強調しているのである。

タウラーはさらに、神の浄化に対する人間の応答に加えて、徳の獲得の重要性を強調し、「イエス・キリストの有していた諸徳で（mit den tugenden）装わされるべき[38]」だという。徳を身につける修練を日々重ねることが、神による浄化の準備を進めることになり、神との合一の霊的土台が培われるからである。タウラーはその徳に、まず謙遜（demuetkeit）、柔和（senftmuetikeit）、従順（gehorsamkeit）を数えるが、さらに、純粋さ（luterkeit）、忍耐（gedultikeit）、憐れみ（barmherzikeit）、沈黙（swigen）、普き愛（gemeine minne）を加えている。さらに別の箇所では、真実なる神への愛（wore goetliche minne）と判断力（bescheidenheit）も加えている[39]。人間はこれらの徳をキリストが有したまでに獲得すべきなのである。そうしてその「類似」（glicheit）に応じて、人間は「ますます気高く、本質的で（weselicher）、神的な（goetlicher）、真実の[40]」信仰者となっていくのである。タウラーは、これらすべての徳は自己放棄と神への自己譲渡の修練において、神の力で培われていくとする。神のはたらきに身を委ねることは、自力による信仰的修練よりも霊的にはるかに前進できるのである[41]。そのことは、人間が何も特別な修練を行わずしても、神は日々人間に試練を与えて、霊的に前進させようとするわけであるから、タウラーが日常茶飯を、只中に救いへの道が開かれている聖なるものと理解していることがわかる。こうして人間は、諸徳を身につけることで柔和となり、憐れみの心を抱いて、深い人格的交わりに入るのである。

またタウラーは視覚的修練として、十字架につけられたキリストの傷を黙想するように勧めている。その傷の多くはすでに癒えているが、五つの大きな傷は今も開いて血を流し続けており、それは最後の審判の日まで変わることがない。[42] 彼は聴衆に、食事のさいに食べ物や飲み物の一つひとつをキリストの愛の傷に浸し（in sinen minne wunden tovffen）、[43] 唱える詩編を一つひとつキリストの傷の中に置き、[44] 眠るときにはキリストの十字架の上に身を横たえよと教える。[45] また人間の低次の能力である「欲情能力」をキリストの左足の傷に、「憤怒能力」をその右足の傷の中に葬り、「我意」（eigenwille）を左手の傷の中に、「理性」（vernunft）を右手の傷の中に沈め、そして開いた心臓の傷の中に入りこむようにと述べている。[46] これもまた、キリストを離れて崇めることからさらに進んで、キリストの中へ自己を投げ入れ、そこで自己が形成されること、ぎりぎりまでキリストの人性と一つであるための神秘主義的な司牧上の指導であった。信徒はこうした修練を経てはじめて、キリストの神性そのものに移されることになる。

タウラーはそれを説教第五四「主なるあなたの神を愛せよ」（Diliges dominum deum tuum.）で、木の喩えを用いてこう述べている。人間は「庵と隠遁所に退き、そこで（すべてから）解放されて神と一致し、キリストの尊い生涯と受難の花を咲かせる愛すべき木に登って、栄光を受けたキリストの尊い傷を見つめ、さらに彼（キリスト）の気高く尊い神性の頂にまで登る（uf den tolden siner hoher wirdiger gotheit uf klimmen）べきであり、そこで出入りしながら豊かな餌を見つけなければならない」[47]。

また、善き羊飼いの喩えを扱った第三六「（徴税人と罪人が）話を聞こうと、イエスに近づいた」（Erant appropinquantes ad Jhesum）の説教では、キリストは羊を「自己の至聖なる人性とほめ称えられるべき神性との間に挟み、彼らを支え、尊い神性へと運んで」[48] 行き、羊は「神の中にたゆたい、主の人性から出て神性に入ったり戻ったりして豊かな牧草を見出す」[49] と、第三段階で実現する目に見えぬ神自身との合一の方向をほのめかしている。

人間はキリストの人性と完全に一致するまで類似していくことによって、キリストの神性から迎え入れられ、神性そのものに達するのである。その神性への没入はまさしく至福であり、救いを意味している。

(5) 聖体としてのキリスト

タウラーの「キリスト像」については、最後に聖体というあり方を挙げなければならない。タウラーの神秘主義では聖体への崇敬がきわめて顕著であり、タウラーは七つの秘跡の中でも聖体を決定的に重要視している。彼はホスチア(パン)を拝領する行為を「最も有益で、最も善い修練(uebung)」としている[50]。それはこの拝領が、神との合一を直接的に現実化し、そのことは人間の自力の修練を無限に凌駕するからである。聖体祭儀はキリストが最後の晩餐の席で取り決めたもので、体がパンに、血がブドウ酒に化体したものである[51]。タウラーは、神は人間が五感でとらえることを配慮して、この秘跡を定めたという[52]。キリストはここでは人間が食するホスチアとして対象化されて存在するが、それを信徒が食べ、咀嚼することで、キリストの人性と神性と合一することになる。そして人間は、この聖体のはたらきに強められて、信従の歩みをますます確実なものにしていく。タウラーによれば、この聖体の秘跡の尊さは人間の知性では測りがたく、「われわれ(人間)の救い(heil)と至福(selikeit)のすべては、これ(聖体の秘跡)によって完成される[53]」。その理由は、神を愛して聖体を拝領することで、「魂はキリストの体に、また完全にキリストに、さらにすべてを超えてキリストの神性(gotheit)に変化させられ、また恵みと愛こそは[…]魂を運んで形成し、その本性を超えさせて底深い神性にまで(über ir natürlicheit in die abgründigen gotheit)至らせる[54]」からである。実にタウラーにおいては、聖体拝領も、キリストとの神秘的一致を目的とした修練なのである。

さて人間は（ホスチアという）この小さな物質的な糧を通して「完全に新たになり、再び生まれる（wider geborn werden）ことになる」[55]が、タウラーはここで聖ベルナルドゥスの考えを採り入れている。それは、人間は神の子キリストの聖体を食するのであるが、人間が神を食することが同時に、神が人間を食するということである。つまり、信徒による拝領の行為自体が神に食されることであり、それによって信徒が神にいっそう適う者とされるということである[56]。ここには拝領という行為において神と人間の両方に能動と受動の相互的はたらきが認められるが、タウラーはこの秘義の説明を高く評価して導入した。タウラーはそのさい、人間が魂のグルントを被造物の「像」に汚染されていない状態に保ち、神を愛して自己自身にとどまっていなければ、この糧が有する力は発現しないという説明を加えている。人間に何らかの隠れた罪があったり、神に対する真実の愛を欠いたまま聖体を習慣的に受けたりしているなら、聖体拝領の効力は弱まり、ひどい場合には瀆聖（とくせい）の罪を犯すことにさえなるのである。

　タウラーはこの物質的な糧を食するという聖体拝領に加えて、さらに霊的聖体拝領を挙げている。それは、キリストの人性と神性と純粋に合一することに深く憧れ、それを一心に望むことである。これはミサ中でなくても、いつでもどこでも、病気であれ健康であれできる修練である。タウラーは「この聖体を霊的に拝領する」（diz sacramente geistlichent nemen）[57]という行為をきわめて高く評価し、「聖体をしるしとして（sacramentlichen）受ける人々以上に、大きな聖体の恵みを受ける」[58]と述べている。これは実際にホスチアを食する拝領とはちがい、毎日何百回でも許されるものである。タウラーはホスチアの形態のキリストを受ける聖体拝領を重要視したが、その前提はやはり霊的な聖体拝領であるべきであって、これを信仰生活の基礎とするべきだと考えていた。聖体は具体的なホスチアとしてキリスト像の一つのあり方であり、これを食することで、人間は自己の隠れた罪を咎められるが、それは本来、神と直接一致できる修練であった。

第三節　タウラーの霊的指導とキリスト像

タウラーはトマス・アクィナスに代表されるような浩瀚（こうかん）なキリスト論を残したわけではない。キリストの受肉の秘義や神性と人性の様態、救済的役割を緻密に分析して解釈し、神学として論理的構成を試みることは、神学者でもない彼には到底無理なことであったし、そうした関心があったとも思えない。それはタウラーが霊的進歩者の司牧者である使命に忠実であって、信徒の霊的深化の方途を一筋に考えていたからである。タウラーはときには神学者らの知的営為を信仰や愛から人々を遠ざけるものとして、厳しく批判した(59)。

彼のとらえたイエス・キリストは、むしろ信仰に生きる人間が究極の目標とする救い、言いかえれば、神性との合一の実現に深く関わってくる存在であった。タウラーの霊的司牧のプログラムは、人間が神の恵みを受けて自己を含めた被造物への執着から離脱し、感性と理性のはたらきを浄化して魂のグルントへ収斂することであったが、この霊的準備は人性と神性を含む「キリスト像」なしにはありえなかった。つまり神のロゴスであり同時に人間であるキリストは、信徒を聖化する秘跡であり、同時に模範として信仰的完成に導く役割を担っているのである。

キリストは人間を無限に高く超越し、同時に人間の魂の根底に無限に深く内在し、言（ことば）としてまた光として、人間を導いて行く神であった。キリストはまたホスチアの中に化体し、「かたち」となって信徒に食され、その行為において信徒を根底から清める神性でなければならなかった。さらに、キリスト自身の生き方は信仰者にとっての不変の揺るぎない模範であった。それは神を愛し、神の恵みを受けて、神に自己自身を捧げ切って生きる、完全な自己譲渡のすがたであった。

タウラーは十字架のキリストを注視したが、信徒はこの神の子の受難に自己の苦しみの生を重ね合わせて生きるべきであった。人間キリストと一致する修練を日々積んでいくうちに、はじめてキリストの神性への移相が成就するのであって、目に見えぬ神との合一は忍耐を伴う修練からの突破的発現の恵みでなければならなかった。

こうしてみると、タウラーの「キリスト像」は、受難の側面が強調されているとはいえ、カトリック教会の伝統的理解にきわめて忠実であるといえる。彼は聖体の秘跡を重視し、キリストを人間を浄化する霊ととらえ、信徒の絶対の模範であるとした。またタウラーは、魂内での神の誕生を示唆する第三の誕生を語るときにも、新プラトン主義の汎神論といった批判を用心深く回避するかのように、エックハルトのような「神の誕生」（geburt gotes）という表現を使用することはない。人間が不可視の神と魂の極所で合一するという完成のために不可欠である「像」、それこそがタウラーの神秘主義の「キリスト像」であった。

第四節　ドイツ神秘主義のキリスト像――エックハルトとゾイゼの場合

別名ライン神秘主義と呼ばれるドイツ神秘主義の主たる担い手である三人の神秘家の思想では、エックハルトが思索的・哲学的、タウラーが倫理的・修養実践的、ゾイゼが詩的・情感的という特徴を示しているが、その違いを反映するように、それぞれのキリスト像においても受肉者は三者三様に解釈されている。

まずエックハルトの神秘思想であるが、彼の場合の特徴として、人間の罪の問題があまり掘り下げられていいないといえよう。それゆえに説教や論述においても、キリストが罪深い人間の贖い主として、絶対的な救済者として立ち現れる面は強く出てはいない。またキリストがホスチアの中に化体して人間の聖化のためにはたらくという秘跡の役割も詳述されることはない。むしろエックハルトでは、キリストは人間の本来的あり方の模範として考えられている。エックハルトは、神のロゴスの受肉を純粋な「人間本性」(menscheit) を受け取ったものと考え、人間は自我および被造物への執着を完全に断つことにより、受肉の神の子が受けたものそのものとなるとした。それゆえ、神の言が受肉して、そのさい全く無垢な人間本性を受けたのであるなら、人間が自我と被造物への執着を完全に断ち切ることができれば、人間は神のロゴスがとった体そのものであり、イエス自身なのである。エックハルトが「離脱」(abegescheidenheit) を最高の徳に掲げる理由は、まさにここにある。[60] エックハルトは『指導講話』(Die rede der underscheidunge) の第一八章でいう。

「人間は自己の内面に徹して、どの点から見ても主イエス・キリストを深く模範として自己をつくり終え、その結果として、自己の内にキリストのすべての業と、主が神として現れた姿が反映しているのを見出さねばならない[61]」

と。エックハルトは、そのことが完全に実現すれば、人間は神から誕生し、人間自身がイエスと同じ神の独り子であるのだと考えている。[62] 実にエックハルトでは、三位一体の神を突破した神性 (gotheit) そのものと、被造性を突破した人間の魂そのものとの「一」が重要であったのである。そのさいエックハルトは、この両者の脱自体は、神の恵みを受けて人間の魂が自らの被造的あり方を突破すると同時に、これまでその被造的自己の対象であった対向する神を突破することによってあらわれるとしている。この人間と、神の子である受肉者イエス・キリストとの、相互否定による被造性を超越した次元での「一」を思わせる表現は、当然のごとく、神と人間を同一次元で見ているとして、教皇庁から異端の宣告を受ける大きな要因となった。とはいえ、正統信仰にとどまったタウラーでさえ、エックハルトと同一方向で神秘的合一を考えていたことは事実である。問題は表現方法にあったと考えざるをえない。

すでに述べたように、タウラーもエックハルトと同様に、イエス・キリストを、人間がその中に自己を形成すべき範型であると見なした。ただしタウラーでは、イエス・キリストは罪深き人間を救わんとする神の子として、人間に対向する絶対の他者であることが明瞭である。人間がどれほど浄化され、またどれほど徳を積んだとしても、キリスト自身と同一の次元には立てず、そこには乗り越えられない絶対の存在論的差異が存在する。さらにタウラーでは、キリストは、具体的にパンとブドウ酒に化体して人間を聖化するためにはたらくという、ミサの精神において理解されている。また罪の贖い主であるという点も大いに強調されており、明確に正統信仰を意識して解釈されていると考えられる。ただしそれでいながら、新プラトン主義的思想からも大きな影響を受けているために、この信仰と哲学の間を架橋する上での論理的な齟齬が克服できていないという問題も残っているといえよう。

ゾイゼの神秘思想は、母自身から深い信仰を受け継ぎ[63]、それを修道生活での勝義に個人的な苛烈な苦行を経て純化することで培われたものであって[64]、ある面で主観性が強いものといえる。しかし彼個人の霊的体験は知性によってきわめて冷静に分析され、キリスト教的真理は神秘主義の立場から精神的かつ思索的に探究されている。それは基本的に新プラトン主義的かつエックハルト的な思想の展開である。ゾイゼの神秘思想ではこの主観的特徴と客観的特徴を指摘しなければならない。

さてゾイゼの思想でも、キリスト像はやはり伝統的神学を離れていない。『真理の小著』から明らかなように[65]、彼はエックハルトの思想を基本的に踏襲するが、それを正統信仰の立場から詳しく説明し、自由心霊派などによるエックハルトの異端的理解を厳しく斥ける[66]。彼の著作『自伝』(vita) や『永遠の知恵の書』(buoch der ewigen weisheit) では、三人称の主人公「しもべ」(diener) はたびたび幻視を体験して幻の中で神と対話するが、これは「永遠の知恵」(ewige weisheit) によって媒介されたり、「永遠の知恵」そのものが対話者としてのキリストであったりする[67]。そして「永遠の知恵」は神との合一に向かおうとする主人公の修道生活を導き、神の神秘の深遠性を教える。ゾイゼのキリストはもちろんすでに復活した栄光のキリストであるが、彼もタウラーと同じく、この受肉者の内に何よりも十字架の受難のキリストを見ており、キリストは人間が人生の苦難に呻吟する中で諸徳を身につけ、純化されて、神との合一に至るようにと説いたとしている。つまりゾイゼは、人間はキリストの苦難を通過せずには救われないのだ、とキリストによって語られていると設定しているのである[68]。その苦難とは神からの選びのしるしであり、苦難における信従は「罪を取り除き、煉獄の火 (vegfür) を弱め、誘惑を追い散らし、欠陥 (gebresten) を消し、霊を新たにする」[69]ものであった。ゾイゼにとって神秘的合一とは、キリスト信従によってはじめて可能となる実践的信心の実りであった。このようにゾイゼは人間の魂の奥底で語る神性＝ロゴスとしてのキリストを前提とするが、そのキリスト自身から、自己の人性に即して徹底的に自己自身に従うようにと、キリスト信従が要請されていると考えるのである。そしてこのキリスト信従を神秘主義的司牧の核として、彼に教えを乞う人々に伝えたわけである。

ゾイゼでは聖体を含む秘跡についての論述は、タウラーほど多くない。むしろその神秘思想の特徴は「永遠の知恵」との対話にあり、そこで伝授された秘義が彼の神秘思想を形成している。彼は他面ではスコラ学徒として、神との合一体験そのものを精緻に分析して見せたが、真骨頂はキリストとの霊的対話の詩的結晶化（表現）であったといえる。受難のキリストはしもベゾイゼに厳しい試練の生き方を与える。それでも彼のキリストは、人間を神の神秘に導くやさしさに溢れた姿が特徴的なのである。

こうしてタウラーと同じドミニコ会の他の二人の神秘家のキリスト像とを対照させてみると、タウラーの場合の特徴はやはり、それが聴衆における霊的修練のプログラムに具体的に組み入れられている点であろう。タウラーは聴衆の霊的状態を把握した上で霊的完成への道を適確に教導するという意味で、本来の実践的指導者であった。彼にとって重要なことは、信徒に最終的な至福を獲得させるために「今ここで、何を語るか」であった。彼の説教はすべてこの問題をめぐっている。タウラーはゾイゼと同時代を生き、ゾイゼの霊的体験を披歴した『知恵の時祷書』（Horologium Sapientiae）も読んでいたようである。[70] しかしタウラーは自伝的なものは何も残さず、したがって、いわゆる『マイスター・ブーフ』[71]（Meisterbuch）の事件と彼の人生に関係があるか、あるとすればいかなる関係か、また彼はペストやポグロムの断末魔の出来事をどう体験し、教皇とドイツ皇帝の対立抗争をどう判断していたのかなど、実際に彼が身を置いていた具体的現実については、全く伺い知ることができない。

ただ伝承された百編を下らない説教や論述のテクストだけが彼を語るものであり、キリスト像もその中から浮かび上がるものにすぎない。ゾイゼの『自伝』に類するものがあれば、キリスト像を含め、その神秘思想の形成の跡をたどることができようが、現段階では新史料が発見されていないため、それも不可能である。

第五節　若きルターのキリスト像

ルターはゾイゼの死から約一五〇年後の、一五一七年の十月に、いわゆる九十五箇条の提題と呼ばれる「贖宥の効力を明らかにする討論」（Disputatis pro declaratione virtutis indulgentiarum）をもって教皇庁に対して公に異を唱えたことで、[72]一躍歴史の大舞台に立ち、これを発端として宗教改革という歴史的事件が起こった。

ルターはすでに一五一〇年代にいわゆる義認論（Sola fide）を確立している。それは、人間は自己の罪の赦しを自力の修練を積むことでは獲得できず、ただ神への信仰そのものにはたらく恵みのみが人間を義とするというものであった。この信仰とは、直接的には、ローマの信徒への手紙のいう、人間を神の前で義とするイエス・キリストへの信仰を指す。[73]キリストは苦難と十字架死においてのみ、父なる神と人間を和解させたのであったからである。ルターの目には、キリストは何よりも受難の神の姿でなければならなかった。ルターの神学が「十字架の神学」（Theologia crucis）と呼ばれるのはこのゆえである。彼はこうして受肉者キリストと信徒との個人的な結びつきを強調することで教会の祭儀や組織制度を相対化し、信仰を内面化するように訴えた。

ルターは一五一六年の六月、アウクスブルク版タウラー説教集によってタウラーの神秘主義に出会い、[74]この「(神の光に) 照らされた博士」[75]の思想に魅了され、その教えから多くを学んだ。ルターは、タウラーの教えの内に、スコラ学教師や『命題集』において見出されるよりも、さらに誠実で確固たる神学を再発見したとし、[76]一五一八年三月三日のシュタウピッツに宛てた手紙では、[77]自らの思索の根底にタウラー神学を置いていることを述べている。またルターは『ドイツ神学』（Theologia deutsch）の神秘思想にも深く惹かれており、それにタウラーと類似の思想内容を見てとったことから、当初その小冊子をタウラー作として出版している（一五一六年一二月）。ルターは若い時代に、一時期ではあったがタウラーの教えに深く共感したが、それは何よりも、タウラーにおける苦難のキリストの強調であったと言わなければならない。ルターはタウラーと出会う前後の一五一三年から一八年にかけて大学で教鞭をとり、一貫してキリストの磔刑死に焦点をあて、人間の自力行為による救いの可能性は一切なく、かえって「律法」の存在が人間の罪の自覚をますます深めて、結局、人間の罪を身代わりに背負って十字架刑に殉じてくれた神の子が果たした唯一絶対の歴史的行為のみが救いの根拠となる、とくり返し主張している。したがってタウラーからの直接的影響というよりは、キリストの苦しみの秘義をルター自身がすでに決定的なものとして重視しており、その立場を高名な神秘家にも見出したということであろう。ルターはそれによって、中世伝統の「栄光の神学」（Theologia gloriae）すなわち、全人類を裁くために来臨する時まで、天の玉座にとどまる父なる神と栄光の神の子を称える神学に対立させて、凄惨きわまりない処刑を受け入れたイエスの「十字架の神学」を唱えた。彼は、神が全能でありながらも人間を救うために独り子をもっとも惨たらしく殺させたという「矛盾」そのものに、人間に向けた神の無限の恵みを見たわけである。

ルターは、タウラーが人間の救いのために苦難するキリストを愛して信従することを説いたと考えた。彼は『討論の解説』の命題一五の解説において、[78]タウラーは煉獄と地獄の罰の苦悶以外に何を述べたであろうかとして、タウラーの主張を信徒の贖罪生活に見た。また命題二九の解説で、[79]タウラーは神への愛ゆえに救われることすら拒否する人間について語ったとして、自己の救いを度外視して神の愛に殉じるほどの信仰の徹底性を説いている。こうしたタウラー理解は、タウラーの神秘思想を全面的にとらえたとは言いえないかも知れないが、それでもタウラーの神秘主義の特徴、十字架のキリスト神秘主義を明確に押さえていることは事実である。

ルターにとって、人間がその内に取り残された信仰の闇、その絶望状況にあって、キリストの十字架に示された神の恵みへの信仰と償いの苦難の生活のみが、人間を救う道であった。神学形成の過程で、ドイツ神秘主義の主張するような、人間の内に向けての神への超越の道や、内在するキリストとの霊的合一の道は見えなくなり、人間を救う存在として神の子は、ただ人間の外に絶対他者として立ち現れることになる。

後年のルター派正統主義はこの延長線上に確立されるが、われわれはそれでも、やがてルター派内に、ヨハン・アルント（Johann Arndt, 1555-1621）、フィリップ・ヤーコプ・シュペーナー（Philip Jakob Spener, 1635-1705）が出て、ドイツ神秘主義に遡ってそれに再び学ぼうとする敬虔主義（Pietismus）が生まれ、タウラーなど神秘家の思想が再評価されることを知っている。(80)

註

（1）この「自由心霊派」（ラテン語では fratres liberi spiritus）セクトは、一三一一年にヴィエンネ公会議で異端の有罪判決を受けた。リースの自由心霊派を扱ったH・グルントマンは、この運動を遠く、アマルリク・フォン・ベーナ（Amalrich von Bena）の影響を強く受けた一二一〇年のパリの異端運動までさかのぼらせている。彼によれば、この事件では四名の聖職者だけが有罪とされたが、その背後には多くの信奉者がおり、この運動はその後さまざまな形をとって、ベガルドやベギンの信仰集団に入り込み、やがては分派して西ヨーロッパ全体に拡大していった。Vgl. Herbert Grundmann, *Religiöse Bewegungen im Mittelalter* (Berlin 1935. 4.Unveränderte Auflage. Darmstadt: Georg Olms, 1977), S. 356. 彼はさらに、ベギンもヴィエンネ公会議以降は、ドミニコ会やフランシスコ会の指導のもとに教会への忠誠を誓って信仰生活を続けることになった大半と、偽神秘主義の影響を受け、異端化していった一部の両者に分かれたと述べる。タウラーの説教に現れる自由心霊派は、後者と関係を有していたと考えられる。またタウラーは前者の正統的ベギンの存在も説教に浮かび上がらせている。樺山は、自由心霊派の主要資料を丹念にたどり、そのうちの一二六二―八〇年頃にリースに出現した異端を記述した『アルベルトゥス・マグヌス記録 Determinatio Alberti Magni』

の人間と神との関係について書かれた部分を、こう紹介している。「人間ならびに神の被造物（creatus）は神と同じ実体をもつ。したがって神との合一は、人間の精神を神化し、神およびキリストと対等物にせしめ、さらには神そのものとなすことができる（Deo unita deificetur）。キリストのように神の養子になる（adoptatur）ばかりではなく、キリストをも越え、マリアをも越えて、真に神と一体になるからである。神は人の内に生き、その人は、神やキリストと同じく信仰の対象となる。」樺山『ゴシック世界の思想像』、一七五頁以下を参照。

（2）V, 250.

（3）V, 71.

（4）このセクトの活動の基礎となる教義については、P・ディンツェルバハが簡潔にまとめている。ただしその中にある、霊性の深みに達した魂は死後そのまま神に帰るとされるという指摘が、いかなる資料的根拠に基づいているかは、詳らかではない。Vgl. Peter Dinzelbacher, a.a.O., S. 179f.

（5）イエスの贖罪死が人間の救いに決定的な役割を演じないのであれば、ミサで捧げられるホスチアとブドウ酒が有する秘跡のはたらきも当然無効ということになるであろう。先の『アルベルトゥス・マグヌス記録』では、自由心霊派は、マリアや聖人崇拝は不要であり、神と合一した人間には、祭儀、断食、告解、祈りも必要ではないと考えていたとされる。樺山『ゴシック世界の思想像』、一七六頁を参照。

（6）ゾイゼも自らと師エックハルトにかけられた自由心霊派の疑いを晴らすべく行動した。彼もタウラーと同じくこのセクトと厳しく対決している（『自伝』六、二三章および『真理の小著』を参照）。

（7）V, 115.

（8）V, 218.

（9）Chr・プロイザー（Christine Pleuser）は、タウラーではこの足跡が十字架のメタファーと密接に関連しており、地上での神の証というよりも、もっぱらキリスト信従を意味させていると述べている。Vgl. Christine Pleuser, *Die Benennungen und der Begriff des Leides bei J. Tauler* (Berlin: E. Schmidt, 1967), S. 177.

（10）V, 199.

（11）V, 271.

(12) V, 176.

(13) これには、以下の内容が続く。「われわれは主でありかつ生命を与える聖霊を信じる。聖霊は御父から出て、御父と御子とともに礼拝され、ともに栄光を帰される。また預言者たちは聖霊について語った。われわれは使徒よりの唯一の聖なる公同教会を信じる。われわれは罪の赦しのための唯一の洗礼を信じ、認める。われわれは死んだ人々の復活と来生の生命とを待ち望む。アーメン。」

(14) 『新カトリック大辞典第一巻』（一九九六年）、三三一頁。

(15) H・ラーナーは、アウグスティヌスが「ロゴスの永遠の誕生」について、„…semper nascitur et semper natus est, semper fuit Pater et semper habuit Filium.“と述べているのを、エックハルトはその‚semper‘に注目して「心の中で持続するキリストの誕生」(die im Herzen sich fortsetzende Geburt Christi) へと拡大解釈したと述べている。しかしラーナーによれば、アウグスティヌスにはその考えはなかった。Vgl. Hugo Rahner, „Die Gottesgeburt.“ *Zeitschrift für katholische Theologie* Bd.59 (Innsbruck: Rauch, 1935), S. 416f.

(16) ヴルガタ訳ラテン語聖書の「コリントの信徒への手紙二」四章四節ではこう言われる。
„…in quibus deus huius saeculi excaecavit mentes infidelium, ut non fulgeat illuminatio evangelii gloriae Christi, qui est imago Dei.“

(17) ヴルガタ訳の「ローマの信徒への手紙」八章二九節は、„Nam, quos praescibit, et praedestinavit conformes fieri imagines Filii eius, ut sit ipse primogenitus in multis fratribus.“としている。

(18) V, 92.

(19) 『新カトリック大辞典第二巻』（一九九八年）、一二三八頁を参照。

(20) V, 208.

(21) V, 47.

(22) V, 329.

(23) Ebd.

(24) Ebd.

(25) トマスは『神学大全』（Qu. 81, art. 2）で、ニュッサのグレゴリウスとダマスケヌスと同様に、感能（sensualitas）の二能力として「欲情」（concupiscilis）と「憤怒」（irascibilis）を挙げる。前者は「感覚に適合するものを追跡し有害なものを遠ざけるように、単純な仕方で傾向づけられている」（simpliciter inclinatur ad prosequendum ea quae sunt conbenientia secundum sensum, et ad refugiendum nociva）ものであって「欲情能力」（vis concupiscibilis）と呼ばれる。これに対して「憤怒」とは「動物が、自己に適合するものを攻撃するとか害をもたらすような敵対するものに抵抗する能力」（animal resistit impugnantibus, quae convenientia impugnant et nocumenta inferunt）であり、「憤怒能力」（vis irascibilis）といわれる。トマスは「魂はときおり敵対するものを攻撃するために、欲情欲求の傾向に背き、憤怒欲求の傾向に従う仕方で、恐ろしいことに向かおうとする」（interdum anima tristibus se ingerit, contra inclinationem concupiscibilis, ut secundum inclinationem irascibilis impugnet contraria.）と述べる。タウラーはここでは、同じドミニコ会の思想的権威であるトマスの上記の定義を前提に語っている。タウラーはこの二能力を魂の最低の諸能力に位置づけ、霊的生活においては「欲情能力」は恩寵の光を受けて感覚的快の追求を断念するようになり、「憤怒能力」は恩寵によって感覚的快への傾向性に操られることなく「安定」（stetekeit）と剛毅（starkheit）を学んで、鋼鉄の山のように不動と（unbeweglich）なる」（V, 330）べきだとする。タウラーはこの憤怒能力の役割を重視している。

(26) V, 331.

(27) V, 47.

(28) Vgl. V, 191.

(29) Vgl. V, 394.

(30) タウラーの苦難のキリスト像には、当時の時代的精神状況も影を落としていると見るのが自然であろう。彼の生きた十四世紀は、地震や飢饉といった天地災害が頻発し、ペストなどの疫病が蔓延し、教皇と皇帝の間では対立抗争が続き、さらに国家間の戦乱、ユダヤ人ポグロム（ゾイゼは『自伝』(vita) 第二五章 „Von swerem lidene, daz im einest zuo viel von eim sinem gesellen.“ でこれについて報告している）などが起きた。それは大変な危機の時代であり、人々は死に対する底知れぬ不安を抱えて生きていた。もはや中世盛期の頃とはちがい、栄光のキリストを称えるよりは、死への怯えから聖母に救いの代祷を願い、諸聖人に助けを求めた。そうした人々の精神状況は芸術文化にも影響を及ぼして「往生術」（Ars moriendi）や「死の舞踏」（Saltatio mortis）などのテーマを生み、キリスト像は人間とともに苦難を分かち合う痛ましい姿として描かれるようになった。タウラー自身もこうした時代を生き抜き、ペストに罹患して絶望的な死に追い込まれた人々に司祭として病油の秘跡をほどこし、その埋葬の儀式に立ち会ったはずであろうから、苦難のキリストを身近に感じ取らなかったはずはない。ただしタウラーは説教で、この厳しい時代状況に対する評価を避けて、ひたすら内面に沈潜して自己を凝視する道を説いた。

（31）V, 231.
（32）Augustinus, *Confessiones*, 3.6.11: „Tu autem eras interior intimo meo et superior summa mea.“
（33）フィリピの信徒への手紙二章六―八節。
（34）橋本裕明「タウラーにおける‚unio mystica‘」（一九九六年）、三五頁を参照。
（35）V, 144.
（36）Ebd.
（37）V, 305.
（38）V, 311.
（39）V, 322.
（40）V, 273.
（41）Vgl. V, 161.
（42）Vgl. V, 206.
（43）Vgl. V, 211.
（44）Vgl. ebd.
（45）Vgl. ebd.
（46）Vgl. V, 388.
（47）V, 271.
（48）V, 141.
（49）Ebd.
（50）V, 311.
（51）ミサの祭儀の中で、パンとブドウ酒がキリストの肉と血に完全に変化するという教義。

（52）　Vgl. V, 310.

（53）　Ebd.

（54）　Adam Petri (hg.), *Basler Taulerdruck* (Basel 1522; Unveränderter Neudruck. Frankfurt am Main: Minerva, 1966), fl. 203.

（55）　V, 266.

（56）『V編集本』第六〇ｆ説教を参照。タウラーはベルナルドゥスの言葉として、こう引用している。「私たちが主を食べれば、私たちは主に食べられる。主を食することによって、私たちの良心は責められ、噛まれる。」(„so wir in essent, so werden wir von ime gessen; sin essen ist das stroffen unser conciencien, das bissen der conciencien". V, 312）これは例えば、以下に挙げるクレルヴォーのベルナルドゥスの『雅歌注解』の説教七一番五節（Bernardus Claraevallensis. *Cantica Canticorum*. Sermo LXXI, 5.）に相当する。„Ita ergo et cum pascitur pascit, et pascitur cum pascit, simul nos suo gaudio spirituali reficiens, et de nostro aeque spirituali provectu gaudens. Cibus eius paenitentia mea, cibus eius salus mea, cibus eius ego ipse. Annon cinerem tamquam panem manducat? Ego autem quia peccator sum, cinis sum, ut manducer ab eo. Mandor cum arguor, glutior cum instituor, decoquor cum immutor, digeror cum transformor, unior cum conformor. Nolite mirari hoc: et manducat nos, et manducatur a nobis, quo arctius illi adstringamur. Non sane alias perfecte unimur illi. Nam si manduco et non manducor, videbitur in me ille esse, sed nondum in illo ego. Quod si manducor quidem nec manduco, me in se habere ille, sed non etiam in me esse videbitur; nec erit perfecta unitio in uno quovis horum. Sed enim man-ducet me, ut habeat me in se; et a me vicissim manducetur, ut sit in me, eritque perinde firma connexio et complexio integra, cum ego in eo, et in me nihilominus ille erit." S. *Bernardi Opera. Vol. II. Sermones super Cantica Canticorum 36-86*. Herausgegeben von Jean Leclerdq, C.H.Talbot, Henri Rochais (Roma: Cistercienses, 1958), S. 217.

（57）　V, 126.

（58）　Ebd.

（59）　Vgl. V, 66; 421; 432.

（60）　エックハルトは論述 Von abegescheidenheit の中で、„Und sô ich alle die geschrift durchgründe, als verre mîn vernunft erziugen und bekennen mac, sô envinde ich niht anders, wan daz lûteriu abegescheidenheit ob allen dingen sî,..." と述べており、離脱を最高の徳と讃えている（DW V, 401）。

（61）DW V, 259.

（62）Vgl. DW V, 11.

（63）ハースも指摘しているように、ゾイゼのキリスト信心には母の影響が大きいと考えられる。Vgl. Alois M. Haas, „Sinn und Tragweite von Heinrich Seuses Passionsmystik." *Die Passion Christi in Literatur und Kunst des Spätmittelalters*, hg. v. Walter Haug u. Burghart Wachinger (Tübingen: Max Niemeyer, 1993), S. 95f.

（64）『自伝』第一五、一六章などでは、ゾイゼが十字架のキリストと一致するために、その受難を追体験しようと十八歳から四十歳まで苦行に励み（第一八章）、肉体を甚だしく苛んだ様子が詳述されている。その後、この初歩の段階はのちに乗り越えられ、神秘的合一の最高段階に導かれることになる（第一九章以降）。タウラーは身体の弱さゆえに苦行を諦めている。

（65）ハースがいうように、『真理の小著』を吟味すると、ゾイゼがエックハルトの教説のみならず、教会当局がそれを異端的と論難した告発書やエックハルトの弁明書の内容を熟知していたことがわかる。Alois M. Haas, „Deutsche Mystik." *Die deutsche Literatur im späten Mittelalter 1250-1370*. hg. v. Ingeborg Glier (München: C. H. Beck, 1987), S. 284.

（66）ゾイゼはその著『真理の小著』で、エックハルトの教説を異端ではないと弁護している。また神の子イエス・キリストと人間そのものの存在論的区別も明確に主張している。『自伝』第六章では、天国の浄福の内にあるエックハルトが幻影としてゾイゼに現れ、彼はこの師から、真実の自己放棄を行って最高の真理に満足しようとする人間の神における状態と、神との合一に至る修練内容について聞いたとしている。

（67）R・シュミット＝フィアックも同様に、ゾイゼは永遠の知恵を、第一に「美的なもの、愛すべきものすべての総合概念」、次いで「神的本性」、具体的には「受肉した永遠の知恵としてのキリスト」を意味させているとしている。Vgl., Renate Schmitt-Fiack, *Wise und wisheit bei Eckhart, Tauler, Seuse und Ruusbroec* (Meisenheim am Glan: Anton Hain, 1972), S.44.

（68）ゾイゼは „Es mag nieman komen ze goetlicher hocheit noch ze ungewonlicher sûzikeit, er werde denn vor gezogen dur daz bilde mîner menschlichen bitterkeit." と述べている。Karl Bihlmeyer (hg.), *Heinrich Seuse. Deutsche Schriften.* (Unveränderter Nachdruck. Frankfurt am Main: Minerva, 1961), S. 205.

（69）Ebd. S. 251.

（70）ハインリヒ・フォン・ネルトリンゲンはマルガレーテ・エプナーに宛てた手紙（一九三九年十二月二十一日バーゼル発）で、

自分はカイスハイムの修道院長に、まだケルンから戻らない（六月出発）タウラー神父所有の『知恵の時祷書』を送ったと述べており、タウラーはこれを読んでいたと推測される。Vgl. W. Oehl, a.a.O. S. 324. タウラーのバーゼルへの到着日は明らかではない。

(71) これは、無学な一人の信徒がタウラーを決定的な宗教体験に導いた事実を、バーゼルのニコラウス（Nicolaus von Basel）が報告したとされる「タウラーの回心」の記録であり、それをC・シュミット（Carl Schmidt）が編集したものであるとされる。Carl Schmidt (hg.), *Nicolaus von Basel bericht von der Bekehrung Taulers* (Strassburg: C. F. Schmid's Universitäts-Buchhandlung, 1875)。ここでは当時すでに高名な説教家でありながらも未だ決定的な自己否定の体験を経ていなかったタウラーの生き方が、神から派遣された一人の高齢の男によって痛烈に批判され、その後この男の指導を受けて、聖霊に生かされた説教家として蘇るというものである（この男はタウラーのいう「神の友」の特徴を示している）。ただし本書がタウラーの現実の体験を記録したものであることは、学問的に証明されてはいない。もちろん虚構の文学作品であるとしても、そこにタウラーの体験の何がしかが含まれていないとは断言できない。

(72) ルターはこれを若きマインツ大司教アルブレヒト・フォン・ブランデンブルク（Albrecht von Brandenburg）に送付したとともに、ヴィッテンベルクの城教会の扉に貼り出したとされる。

(73) 三章二二節を参照。

(74) ルターはヨハン・ランゲの妻で書記をしていたウルスラからアウクスブルク版タウラー説教本を手に入れた。Vgl. WA 9, S. 95.

(75) ルターは一五一六年に刊行した『ドイツ神学』の序文で、こう述べている（WA 1, S. 153)。

(76) WA 9, S. 95.

(77) Reinhard Buchwald, *Martin Luthers Briefe 1* (Leipzig: Insel, 1909), S.45.

(78) Vgl. WA 1, S. 557.

(79) Vgl. WA 1, S. 586.

(80) J・ヴァルマンは「敬虔主義は宗教的生活の個人化と内面化を強く要求し、新たな形態の個人的敬虔と共同体生活を発展させ、神学と教会に徹底的な改革をもたらし、この運動に捉えられた国々の社会的・文化的な生活に深い痕跡をとどめている」と述べている。Johannes Wallmann, *Der Pietismus* (Göttingen: Vandenhoeck & Ruprecht, 2005), S. 21. 敬虔主義の先駆者とされるアルントはルター派正統主義のスコラ学化に対して、それを相補するかたちで中世ドイツの神秘思想、とりわけタウラーの神秘思想を採り入れた。アルントは後代シュペーナーを以て始まる敬虔主義に大きな影響力を及ぼした『真のキリスト教についての四書』（Johann Arndt, *Vier Bücher vom wahren Christentum*, Berlin: Tiuwitzsch und Sohn, 1852）の序文で、義認信仰による罪の赦しと、神の恵みを受けて聖なる生活を送ることの必要性を強調した上で、こう述べている。「真のキリスト教（das wahre Christenthum）とはすなわち大いなる敬虔さと義の実り（rechtschaffene Gottseligkeit, Früchte der Gerechtigkeit）によって、真実で活発で行動的な信仰において成立している。［…］この信仰からは真実の実りとあらゆる種類のキリスト教的諸徳（allerley Christliche Tugenden）が生まれてくる」（S. 1ff）と。またアルント自身が、本書では「タウラー、（トマス・ア・）ケンピス、他の過去の作家たちの講話（etliche Reden nach Art der alten Scribenten, Tauleri, Kempisii, und anderer）を混じえた」（S. 4）と言ったように、その第三部では「神の子ら（Kinder Gottes）が［…］その心の根底で神と天の国をいかに知覚するかを示すために、この第一章の全体をもって特別なものとして単純な報告を行い［…］才気に満ちた人物であるヨハネス・タウラーの神学を導入する（des geistreichen Mannes Johannis Tauler Theologie einführen）つもりである」と述べ、独自の視点から持論を展開している。彼は「タウラーの神学全体（die ganze Theologie）または教えが内的（inwendig）人間、すなわち心または魂の内的根底に向けられている（auf den innern Grund des Herzens oder der Seele gerichtet）」と述べた。さらにシュペーナーは主著『敬虔なる憧れ』（Pia Desideria）で、ルターがタウラーを重視した事実を受けて、『ドイツ神学』と並んでタウラーの説教集を読むことが有益であるだろうとしている。„Es möchte auch nutzlich seyn / daß die einfältige Büchlein / die Teutsche Theologi, sondern Tauleri Schrifften / auß welchen gleichwol / nechst der Schrifft / unser theure Lutherus worden / was er gewesen ist / in die hände der Studiosorum mehr gebracht / und dero gebrauch ihnen recommendiret würde. Ist der rath Luth. selbs / welcher also schreibet von dem Mann Gottes Taulero (wie er ihn anderswo nennet) in der 23. Epist. an Spalatinum: So du lust hast die alte reine Theologiam in Teutscher Sprach zu lesen / so kanst du dir die Predigten Johan. Tauleri deß Prediger Mönchs schaffen.“ Kurt Aland (hg.), *Die Werke Philipp Jakob Speners——Studienausgabe, Bd. I: Die Grundschriften Teil 1.* (Gießen: Brunnen, 1996), S. 236.

第四章　タウラーのグルント神秘主義

タウラーの説教者としての活動期間は、生年、叙階年、没年を考えれば、約三十年と計算できる。先に述べたように（序論、第二章第二節）、その間に説教内容の思想的特徴には差異が認められると読めるのであるが、全体としては、ほんらい栄光の神の子であるキリストが人間に対して懐く無限の愛ゆえに、自ら最も無残な十字架の死を選びとった、という無私の姿に焦点を合わせて、その生のあり方にならうことが、つねに聴衆に要求されている。この信従は、タウラーの神秘主義ではとりわけ内面化の方向をとり、聴衆は、我意に毒された魂を長い期間をかけて徹底的に浄化する過程を歩まねばならない。タウラーは、罪の根を断つ修練をせぬまま平生の信仰生活を送って事足れりとする虚偽と、それが生む霊的な危険を指摘し、神との霊的合一が生起する魂の極限の場から我意や被造物への執着を排除させることを意図して、聖書の章句を解釈し、さまざまな喩えを工夫導入して、霊的指導を行ったのである。

このようにタウラーの神秘主義は、いわば魂の深層に切り込んで内実を凝視し、魂を根底から救い上げようとする、心理学的で修徳的な傾向の強い教導を目的としている。これも彼のほとんどすべての説教で「救いのプログラム」として組み込まれており、タウラーの神秘主義の特徴を形成している。そのさい、タウラーは魂の深奥を「グルント」として概念化し、その上でグルントから霊的穢れを取り除いて、神との霊的合一の場を作り出すことを考えているが、この魂の本体を魂の諸能力と区別してグルントと名づけるのは、タウラー自身に由来するものではない。タウラーはそれを直接的にはエックハルトから継承し、自らのグルント神秘主義を形成したと考えられる。また、神から発出し、自己の魂の浄化を成し遂げて神に還帰するという新プラトン主義的発想も、プロクロスなどを除けば、直近では主としてエックハルトから学んでいると考えられる。本章では、この仮説に基づいて、エックハルトとタウラーの魂のグルント論を比較考察し、その上でタウラー自身のグルント神秘主義の全体像を提示してみたいと思う。

第一節　グルント概念についての先行研究

タウラーのグルント神秘主義に入る前提として、ここではH・クーニッシュ、P・ヴィーザーおよびL・ストゥルレーゼによるタウラーのグルント概念の由来と意味をたどる研究の内容を検討しておく必要がある。[1]

タウラーのグルントもその一つに数えられる、ドイツ神秘主義全般に共通する ‚grunt der sele'（魂の根底）という表現については、クーニッシュが中世ドイツの宮廷文学の ‚grunt der herzen' からの言語的由来を指摘している。そこから女流神秘家メヒティルト・フォン・マクデブルク（Mechithild von Magdeburg, 1210-82）を経由して、ドイツ神秘主義の宗教的概念に入ったと考えている。クーニッシュによれば、エックハルトは神秘主義的立場から ‚grunt' を理解しており、‚herzen grunt' の表現においてもすでに意味的には神秘主義的な ‚grunt der sele' に変化を遂げている。ただしエックハルトは ‚grunt' という表現が「重くて大地性を示す」[2]ために好まず、そのため多用することはなかったが、タウラーの場合は反対に、この語は「その中に深きものと内密なものが、強くそして感情が強調される仕方で含まれている」[3]がゆえに愛され、主要概念としてもっとも頻繁に使用されたとする。タウラーと交流のあったゾイゼでも‚grunt‘はまれではないが、彼の場合は「神秘主義的世界の狭さを去って、普遍的人間性への広がりに入り込む」[4]と述べている。ここにクーニッシュはメヒティルトへの回帰を見ている。[5]

ヴィーザーは、G・ミュラー（Günther Müller）が自身のタウラーのグルント研究において新プラトン主義的性格に注目したものの、タウラーの新プラトン主義的傾向の濃厚な説教とそれとは異質の説教を対立させてグループ分けを図ったことを問題視し、『V編集本』の大多数の説教で現れる‚grunt‘概念は「首尾一貫して本質的に新プラトン主義的である」[6]と主張している。そしてその上で自らのグルント解釈を展開する。

ヴィーザーは『V編集本』の第五六と六四説教をタウラーのグルント理解に不可欠なテクストとして取り上げ、前者では‚geist‘, ‚gemuete‘, ‚grunt‘, ‚boden‘, ‚dolten‘などの語が使用され、後者では‚gemuete‘, ‚grunt‘, ‚boden‘, ‚tolden‘, ‚funke‘, ‚erstekeit‘が用いられている事実を指摘する。魂の極所を象徴する表現が多様である理由は、ヴィーザーによれば、「さまざまなはたらきから見た、あるいはさまざまな観点からとらえた人間のgeist」[7]を示すがゆえである。ヴィーザーはタウラーがこの中でとりわけ‚grunt‘を好んだ事実を前提としながら、この‚grunt‘が内容とする「神との親縁性をもつ高貴を形成する魂の根底」[8]は、「新旧のマイスターたち、アルベルトゥス・マグヌス、ディートリヒ・フォン・フライベルク、マイスター・エックハルト」[9]が指摘していたものであると語る。これは言わずもがな、実際にタウラーが説教においてすでに指摘していることである。[10]

ヴィーザーはタウラーのグルントの源泉をたどる一可能性として、まず中世スコラ文献を挙げる。そこで中高ドイツ語の‚grunt‘に対応する語は‚fundus‘であると考え、エックハルトが‚fundus divinitatis‘を‚grund der gothait‘と訳している一例を示すが、最終的にgruntとスコラ学のラテン語との術語上の対応関係はないと結論している。

次に、聖書と教父テクストにグルントの由来をさぐる。例はまずセプトゥアギンタの『ユディト書』八章一四節の ,βάθος καρδίας ἀνθρώπου' であるが、このギリシア語に対応する箇所はヴルガタ訳には欠けていることから、関係性はないと判断する。またP・L・ライペンス（P. L. Reypens）の指摘をふまえて、ギリシア教父からフォティケのディアドコスの『霊的完成についての百章』（Capita centum de perfectione spirituali）の中の ,το βάθος της καρδίας'（心の根底）、,το βάθος της ψυχῆς'（魂の根底）、,το βάθος του νοῦ'（霊の根底）といった表現に、ドイツ神秘主義の ,grunt der sele' との関連を読もうとするが、やはりギリシア語を仲介する中世ラテン語文献が発見されないことから、これもたんなる仮説にとどまらざるをえないと考える。ヴィーザーはさらにライペンスの指摘に基づき、ラテン語プロクロス文献からのドイツ神秘主義の術語 ,grunt der sele' への影響も検討しようとするが、これについてはヴィーザー自身がその対応箇所を発見できなかったこともあり、ライペンスに証明義務を要求する（ストゥルレーゼはまさにこの点に焦点を絞って論考をまとめた）。

ヴィーザーはまた、タウラーが説教の中で、自らの grunt 概念と旧約聖書の ,Abyssus abyssum invocat' における ,abyssus' との隠喩的符合性を語ったと指摘し、そのさいタウラーがそこに「独自の心理学的観点」を込めたのだと述べ、そこにはアウグスティヌスの ,abditum mentis' からの影響があるという。そしてその影響関係を『V編集本』第二四、六五によって証明しようとする。彼は前者において、タウラーが魂の極所である「内なるグルント」（indewendiger grunt）を「霊の秘所」（verborgen des geistes）と同一視している事実を示し、後者の説教では、タウラーが明確に「アウグスティヌスが『心の秘所』と理解するグルントにおいて」（in dem grunde, das Augustinus nemt: abditum mentis）といい、さらに「お前の知られないゲミュエテを隠し、聖アウグスティヌスが述べている神の深淵の秘所に入れ」（verbirg din verborgen gemuete, das S. Augustinus also nemt, in die verborgenheit des goetlichen Abgrundes）と述べている箇所を挙げる。

次にヴィーザーは、タウラーがグルントと並んで魂の最内奥をさす別表現であるゲミュエテに移行する。‚gemuete' は grunt ほど頻出しないのであるが、ヴィーザーはタウラーの説教では ‚gemuete' が grunt と意味の親縁性または同一性を有していて、くり返し並置されている重要な事実を指摘する。[11] ただしタウラーの「ゲミュエテはグルントへと傾き（widerneigen）、覗き込む（widerkaphen）」（第五六）という表現において、ヴィーザーは両者の差異に注目した上で、魂の grunt には自己自身へと「傾く」（widerneigen）性質、すなわち再帰的運動があることを指摘している。魂の grunt はそれゆえ、この傾向性を有しているかぎりは、ここでは ‚gemuete' を意味する。しかしこのゲミュエテは「霊の最深の深淵に向かう駆動（ein Streben）」[12] であるから、グルントと区別されたたんなる魂の力として理解してはならないと注意を促す。タウラーはこのようにゲミュエテ概念を用いて、魂が自己自身へと還帰せんとする駆動を強調するがゆえに、神秘主義としての本質的性格を有することになるのだとする。

さらにヴィーザーは、タウラーの「魂は自らにおいて一つの火花（funke）、一つの根底（grunt）を有する」（説教第三六、V, 137,1）という語をふまえて、grunt と ‚funkelin', ‚funke' が同一の概念内容を有することに言及する。ただ ‚funke' および ‚funkelin' の使用が少ないのは、この概念がエックハルトの有罪宣告に大きく作用したためであるとする。またヴィーザーは最後に ‚boden', ‚dolten', ‚erstecheit' についても若干述べるが、その中で注目すべきは、‚dolden' がプロクロスを源泉としており、それをメルベケによる『摂理と運命について』のラテン語訳を通してタウラーは知った可能性があるという指摘である。しかしこれも証明を欠いているために推測にすぎない。

ストゥルレーゼはこのヴィーザーの論考を画期的な研究と評価した上で、さらに批判的に読み、特にプロクロスのタウラーへの影響に注目して考察を試みる。そのさい、タウラーが生師であって学者ではなかったとする従来の見解に修正を求め、学者としてのタウラー像を見逃してはならないという見解を提示していることは、興味深い（それでもタウラーは事実として読師の資格を得てはいなかったし、むしろ彼らの陥る知的傲慢を痛烈に批判していたのが現実であった）。

ストゥルレーゼは前提として、タウラー時代のケルンのドミニコ会の学問的状況を詳述する。そしてタウラーはシュトラースブルクの説教家であったけれども、ドミニコ会管区の精神的中心地であったケルンの学問的影響を受けていたと判断する。そこには十三世紀中葉に設置されたドイツで最高水準を誇る教育拠点である、ドミニコ会の「シュトゥーディウム・ゲネラーレ」が存在した。これはディートリヒ・フォン・フライベルクやエックハルトが教鞭をとった高等神学院であり、ここからディートリヒやエックハルトは教皇の委託を受けて、ベギンや女子ドミニコ会員に対する司牧に出かけて行った。それを通じてディートリヒは知性の哲学を説き、エックハルトは正統信仰に抵触すると誤解される汎神論的な教説を行ったというわけである。そしてディートリヒの教説の重要な点は一三一一年のヴィエンネ公会議で問題視され、エックハルトの教説はケルンで告発を受け、最終的に一三二九年にアヴィニョンでその多くが異端的とされ、公式に断罪されたのだと説明する。ドイツのドミニコ会は、トマス・アクィナス派と反トマス・アクィナス派の両陣営が対立を深めた。この収束方法としてトマス学派の強化が考えられたが、逆の事態が起こり、ディートリヒ・フォン・フライベルクの弟子筋に当たるベルトルト・フォン・モースブルクがレーゲンスブルクからケルンに召喚された。経緯はストゥルレーゼによれば、「アルベルトゥス・マグヌス、ウルリヒ・フォン・シュトラースブルク、ディートリヒ・フォン・フライベルクという、エックハルトが依拠したドイツで生きていた伝統と結びつけ[13]」た上で、「エックハルトへの関心を徹底的に拒否するよりも、なんとか若干の修正にとどめる[14]」という意図から生まれたものであった。ベルトルトはプロクロスの三部作『摂理、自由、悪について』の講読を通して、学生に「神の誕生および神的人間についてのエックハルトの哲学的教説への接近[15]」を可能としたのだ、とストゥルレーゼは指摘する。ベルトルトはエックハルト主義者ではなかったが、正統的トマス主義者らからも距離をとっており、修道会管区からの信頼を一身に集めていた。ストゥルレーゼは、ベルトルトとタウラーが、トマスのイマゴ論を退け、プロクロスおよび異教徒の知恵を高く評価した点で一致していたと理解し、根拠を両者の比較において読み取ろうとする。ストゥルレーゼは、タウラーとベルトルトがケルンのドミニコ会修道院で一時期であってもともに暮らしており、タウラーは同世紀最大のプロクロス研究者であったベルトルトから、プロクロス思想について学んだであろうと考えている。『V編集本』のタウラー説教では、全部で五か所のプロクロス引用（V, 300; 332; 347; 350; 358）があるが、そこでは、プロクロスの「魂の一性」（unum animae）の考えをふまえて、タウラーは一者との神秘的合一を目標とした自らのグルント／ゲミュエテ論を展開していると述べる。ストゥルレーゼによれば、タウラーはディートリヒによるアウグスティヌスの「心の秘所」（abditum mentis）解釈を指摘したが、それをアリストテレスの能動知性と同一視することは拒否した。タウラーはモースブルクによるプロクロスの「魂の一性」論解釈を通じて、「心の秘所」を超知性原理として対置した。ストゥルレーゼは、タウラーのグルント／ゲミュエテ論には、モースブルクによるプロクロス解釈からの影響が深くあり、この影響の様態と範囲の明確化が今後の研究の課題である、と結論づけている（ただし管見では、その課題は現在まで果たされていない）。

このようにタウラーのグルント概念をめぐる主要な三者の考察を概観したが、残念ながらタウラーの神秘主義の核概念である‚grunt‘の形成に直接的な影響を及ぼしたことを証拠づけるものは確認されなかった。ドイツ宮廷文学しかり、セプトゥアギンタにもスコラ学にも決定的な証拠は発見されず、ただアウグスティヌスやプロクロスなどに思想的近親性が見出せるということであった。われわれはこうした中で、やはりタウラーと年齢こそ大きな開きがあるが、それでも同時代人であって、タウラー自身がケルンであれシュトラースブルクであれ、そのドイツ語説教から多くを学び、生涯その影響下にあったと想定されるエックハルトの、魂の究極を表現する多様な象徴語の一つである‚grunt‘から、タウラーが自らの神秘思想を展開したと考えざるをえない。これは厳密には推測上の前提ではあるが、以下で試みる両神秘家のこの概念の比較においてかなりの説得力を持つといえよう。

第二節　エックハルトにおけるグルント概念

(1)　新プラトン主義的傾向性とそのキリスト教的立場（説教第五二、一〇による）

神秘主義にはさまざまな位相があるが、キリスト教では神と魂の直接的な関係性を探求するものであり、究極的には、不可視の神と浄化された人間という「露わな本性」(blôzheit) 同士の「合一」を目的とするものといえるであろう。この合一は、神秘家たちにとっては決定的な救いを意味していたが、合一そのものを表現する試みは、いわゆる正統の教義的立場からすると往々にして理解が困難であり、場合によっては危険なものと映った。

このことは、検邪省の審議を経てアヴィニョン教皇庁が下したエックハルトの教説についての異端宣告等が、実際に象徴している。例えば神秘主義が探求する神と魂の直接的な霊的交流は、汎神論的特徴を伴っていたり、三位一体的神理解を強く前面に出さずにいたり、主体的な信仰生活を唱えたりしておらず、また、教会の位階制度を批判する方向にも傾いてしまったりして、教会では決して主流となることはなかった。そのことはひとりエックハルトのみならず、タウラー、ゾイゼの場合も同様であった。(16)

さて、ドイツ神秘主義を思想的に牽引し、タウラーとゾイゼに多大なる影響を及ぼしたエックハルトは、その思想的特徴を「神の誕生」（geburt gotes）に置いた。この誕生の事態は、神との「合一」を言い換えたものにほかならない。そしてこの事態はどこで生起するのかといえば、魂の内なる究極の「何か」（etwaz）においてであり、条件は「離脱」（abegescheidenheit）の徹底である。

以下では、タウラーの神秘思想に決定的な影響を及ぼしたと考えられる、この「何か」を示すエックハルトの一表現グルント（grunt）について分析を行うが、その前にエックハルトにおける神秘的合一のプロセスを、説教第五二「霊において貧しい者は幸いである。天の国は彼らのものである。」（Beati pauperes spiritu, quoniam ipsorum est regnum caelorum.）と説教一〇「彼は生涯神に喜ばれ、義人と認められた」（In diebus suis placuit deo et inventus est iustus.）をふまえて確認しておきたい。

エックハルトは霊的貧についての持論を展開するこの説教において、神秘的合一の前提である独自の創造論をこのよう語っている。

〔１〕　私が私の始原の原因に（in mîner êrsten sache）あった時、私は神を有していなかった。その時には私

は私自身の原因であった（dô was ich sache mîn selbes）。その時には私は（何も）欲さず、（何も）望まなかった。私は自由な存在であり、真理の楽しみに従って私自身を認識していたからである。その時には私は私自身を欲しており、それ以外のものを欲していなかった。私は私であることを欲し、私が欲するままの私であった。ここでは私は神とすべてのものから自由であった。しかし、私が私の自由な意志から外に出て（uzgienc von mînem vrîen willen）、私の被造的なあり方（mîn geschaffen wesen）を受けた時、私はひとりの神を持った（hâte ich einen got）。なぜかといえば、被造物が存在する以前には、神は神でなかった（enwas got niht got）からである。すなわち、神は在るところのもので在ったからである。被造物が生まれてその被造的なあり方を受けた時に、神は神それ自身における神ではなく（enwas got niht ‚got‘ in im selben）、むしろ被造物における神であった（er was ‚got‘ in den crêatûren）。(17)

〔2〕ある偉大な師は、突破（durchbrechen）は流出（ûzvliezen）よりも気高い（edeler）のだと言っている。これは真実である。私が神から流れ出た時、すべてのものは、神がいる（got der ist）と言った。これは私を幸い（sælic）にすることはできない。なぜかといえば、ここで私は私を被造物として認識しているからである。しかし、この突破において、私は私自身の意志より自由であり、神の意志とそのすべての業と神自身から自由なのである。そうして私はすべての被造物を超え、神でもなく被造物でもない（weder got noch crêatûre）。しかし、私はかつて在り、今も在り、これからも在りつづけるものなのである。そこで私は、私をすべての天使を超えて引き上げる一つの躍動（îndruk）を受ける。この躍動において私はそうした豊かさを受けるために、神が神である一切をもってしても、神の気高い業をもってしても、神は私には十分ではあ

りえない。それは、私がこの突破において、神と私が一であること（einz sîn）を受けるからである。(18)

ここには人間（および自然界）の創造のあらまし、誕生のありようが、エックハルトという一人称の「私」の体験を通してまとめられている。この叙述はすでに、物質的、精神的存在のすべてが質料を用いずに創造されたという、神による「無からの創造」（creatio ex nihilo）という素朴な教義と重なり合うものであるが、この引用箇所はそれと抵触するような微妙な内容を含んでいる。つまり一者からの流出ともとれる汎神論的傾向性である。エックハルトの説明によれば、「私」という存在は、もともと本来は「神」という名辞概念では把捉できない超越的なあるものに内在し、それと一つであったが、自らの意志でそこから出たとされる。それをエックハルトは「流出」と呼んでいる。この流出という事態を契機として「私」たる被造物が出現したのである。ここでは流出以前の原初に、被造物となる「私」がイデーとしてすでに存在していたことがいわれている。とすれば、質料を用いずに行われた神による創造の立場ではすでにない。たとえ被造的存在であるとしても、「私」と原初のイデーの間には連続性があるからである。そして流出において生成した「私」は、自己に対向する神すなわち「神」を得たとされる。この神は「私」の生成を契機として出現した存在であり、その意味では「私」によって造られたという被造性を本質としている。とすれば、この神は到底「私」の救いの実現者たりえず、むしろ神への依存的な執着は救いを遠ざけるどころか、被造物へのとらわれという意味で対極へ導くことになる。ではどうすればよいのか。答えは自明である。自らが出てきた根源に帰一することである。エックハルトの唱える最高の徳（tugend）は、このための方法を示す。すなわち「離脱」（abegescheidenheit）である。この徳の修練は「私」の被造性を超越する方向で持続され、深められねばならないものである。そして修練が最高度に極まったときに

「突破」が実現する。これこそがエックハルトにおける「神の誕生」であり、始原への還帰（kêr）と同義の事態である。被造性を克服した次元では、すでに被造的な「私」はなく、「私」に対向する被造的な「神」もない。もはや意志したり願ったり知ったりする対象もない。ただひとり「ある」のみである。エックハルトはこう説いた。

エックハルトにおけるこの人間の根源からの発出と還帰は、新プラトン主義的な様相を呈している。例えばプロティノスなどは、新プラトン主義の存在の循環の基本構造を、次のように説明しているからである[19]。唯一者ないし善なる者は完全なるがゆえに、自分の姿に象ってヌース（νοῦς）を産み、ヌースはまた唯一者についての黙想の結果として、プシュケー（ψυχή）ないし世界魂を産む。この魂とは宇宙の他の事物、つまり下級の魂群、天体、および物質などの動力因である。万物の目的因は唯一者であって、万物は知識と欲望の転換によって、プシュケーとヌースとを通って唯一者に戻る。したがって宇宙は唯一者から発出ないし流出し、転換によって唯一者に戻るという二重のエクスタシスによって構成されていることになる。

エックハルトにおいても、人間や自然を含む被造的存在は一者からの流出として存在し、一者への還帰で終局を迎えるというプロセスを有している。もちろん流出は、例えば「被造物」（crêatûre）といった表現を用いることで「創造」（creatio）の契機を匂わせ、ある意味で新プラトン主義的「流出」にキリスト教的解釈を加えたものとなっているが、明確に「無からの創造」として、神と被造物の存在論上の断絶をふまえた区別がなされているわけではない。したがって、神からの人間のイデーの流出という汎神論的傾向性が濃厚であるとして断罪されたことも、故なきことではないといえよう。これについては、さらに「神の誕生」が実現する人間の魂の究極の「何か」が被造物であるか否かという議論も他方であり、そこにもエックハルトの思想の汎神論的性格が問題とされるのである（これについては、グルントの考察に譲る）。しかしそれでもやはりエックハルトは、新プラトン主義的立場を採り入れつつもキリスト教的立場を貫徹していたといわなければならないであろう。この説教第五二でも、「私」に対向する「被造物における神」と、被造物である「私」を超越し、「私」をして「（「私」に対向する）神から私を解放してほしい」と願う、（絶対的超越の）「神自身における神」（エックハルトはこれを「神性」（gotheit）と呼ぶ）を措定しているからである。とすれば、エックハルトでは汎神論的傾向性が強いが、被造物である「私」とその「私」を絶対的に超越する神そのものとの間の存在論的な断絶は明確になっており、その面での教義上の抵触は弱まるということができよう。しかしいずれにせよ、被造的な「私」が原初において、いかなる仕方であれイデーとして存在していたとの表明は、「無からの創造」の教えと矛盾すると論難される可能性があるであろう。

ところで、この創造論については、エックハルトはまた別の観点も明らかにしている。それは、魂の最内奥へと究め行くことの必要性を述べようとした説教第十に示されている。

エックハルトはこう語る。

> 魂の日と神の日とは区別（underscheit）がある。魂がその本性の日にあるときには、魂はすべてのものを時間と場所を超えて（obe zît und stat）認識する。だから魂にとっては何ものも遠くもなく、近くもない（weder verre noch nâhe）。だから私は、すべてのものはこの日には等しく高貴で（glîch edel）あると述べたのだ。私はかつて、神はこの世界を今創造している（nû schepfet）と述べたことがあるが、すべてのものはこの日に同じく高貴である。私たちが神は世界を昨日とか明日に創造すると述べるなら、愚かなことをして

いることになろう。神は世界とすべてのものを、現在の今（in einem gegenwertigen nû）創造しているからである。千年前に過ぎ去った時も、神にとっては今の現在であり、今存在しているごとく近い（nâhe）のである。魂が現在の今にあるならば、父は魂の中に独り子を生み、その同じ誕生において魂は再び神の内に生まれるのである。誕生とは、魂が神の内に再び生まれる度ごとに、父がその独り子を魂の内に生むということである。(20)

ここでの創造の取り扱いは、すでに別の観点から「無からの創造」を批判しているものである。世界には始まりがあり、過去のある時点に神の創造行為があったとする創世記の記述は、「愚かなこと」（tôrheit）と理解している。エックハルトの視点は、過去・現在・未来を超える「絶対の現在」における神と魂の関係に向けられている。それは「父」が「独り子」を「魂」の内に生み、「魂」が「父」の内に生まれるという相互相入のはたきであるが、それは神の露わな本性である「神性」と「私」の露わな本性である「何か」との関係でもある。いずれにせよ、ここでは創造と還帰はすでに時間的系列の内にはなく、無時間的で永遠の本質を示している。そしてまさにこの流出的創造と離脱による突破のサイクルこそがエックハルトの神秘主義的思索の全体像を形成しているといえるであろう。それでも説教第五二が示しているように、エックハルトがたとえ新プラトン主義的傾向を見せるとはいえ、いわゆる「無からの創造」を完全に放棄しているとはいえない。ただ彼の神秘思想の焦点は、超時間的現在での「神と私の根源的な脱自的合一」に置かれていることは明白であると考えられる。

エックハルトの思索もいうまでもなく、人間の究極的な救いを目標にして展開するものであり、それを神と魂の合一の事態の実現に置いている。それこそが神における魂の誕生であり、それは同時に魂における神の誕生であった。そのことは、神と魂がそれぞれの被造性を否定し切ることで、新たな存在の次元を確認することであったといわなければならない。それをエックハルトは、神と魂が相互の否定によって実現する脱自的合一の事態ととらえたのである。エックハルトはその事態を求めるものを人間の知性的（vernünftic）はたらきに見、同時に神自身の本性を知性的（vernünftic）ととらえる。[21]

エックハルトは説教第五ｂ「ここにおいて神の愛はわれらの内に示された」（In hoc apparuit caritas dei in nobis.）でこう述べている。

> あなたが神のために完全に（alzemâle）自分自身を脱するなら、神もあなたのために完全に自分自身を脱する。この両者が出て行くなら、そこに残るものは、単一の一（ein einvaltigez ein）である。この一において御父は御子をその最内奥の根源で（in dem innersten gequelle）生むのである。[22]

ところでこの事態たる「一」は、魂にとって本来の言い表せぬほどの安らぎの場であった。[23]このように、エックハルトは「一」の状態を、私はそこでは「すべての被造物は一つの存在（ein wesen）であるといおう」[24]と述べて、本来の存在者のあり方ととらえた。つまりこの次元においてはいかなる二元性、多元性もありえないのである。この一元性の世界こそが、魂や被造物、それのみならず神本来の神性の次元ということになる。そしてエックハルトは、まさしくこの神と人間（全被造物を含む）の脱自の次元への転換に焦点を絞って、救済論を説いたということになるのである。

それでは、彼にとってのこの世における存在の意味とは何であるのか。それはつねに神との根源的一に還帰しながら、その次元からこの世を生きるということでなければならないであろう。それはまさしく、彼が「マルタとマリア」の喩えにおいてエックハルトが説いたものであったと言わなければならない。それはイエスの言葉に聞き入るマリアの静的状態は、神性との「一」に向かう人間の魂のあり方を示しているが、せわしくイエスのために世話をしている姉のマルタこそは、まさしく神性との「一」の次元からはたらきへと出る動的状態を示しており、このあり方こそが、この世に生きている人間のありうべき本来の姿だということである。「一」の事態にとどまりながら、二元や多元の世俗を生きていくわけである。

ここで再度、彼の創造論をまとめておこう。

神と人間は原初では(超越的次元における)「一」の状態にあった。しかし人間は自ら欲して、万物とともに万物に含まれるかたちで、自己の本来のイデーを永遠なる原初の内にとどめつつ、時間的かつ空間的に限定される次元に流出して、被造物となった。そのとき人間は、自己の彼方に超越的次元を確認するものの、自己に対向する存在としての被造的超越者を、すなわち有形の三位一体の「神」を得た。しかし原初の神である不可視の「神性」は、知性的存在者たる人間を再び還帰させて自らと合一するようにと誘い、本来的あり方を回復させるべくはたらきかける。それゆえ人間は、神のこの召喚の意志に応えて、自己と世界の被造性を超越せんとする「離脱」を果たし、自ら「神の誕生」(geburt gotes)のための場なき場となる。なぜ場なき場であるかといえば、魂が自己を空じて神が完全な業をなすべき場を用意するというのは、望むべき完全な状態ではないからである。魂が神のはたらきの場を自己の内に保つという事態は、不完全である。魂はさらに、神のはたらきの場さえ内に持たぬほど、徹底的に自己を否定しなければならない。[25] これこそが「突破」の一事であり、神それ自体(神としての神）と魂それ自体（魂の露わな本性）の根源的な欲求であった。人間はここで、神の有形を消滅させる決定的な自己否定を契機として脱自的に「無」たる自己となり、人間と神は相互に絶対的な自己否定を完遂することにおいて、そのまま究極の「一」を実現するのである。

神からの「流出」という仕方での創造行為は、本来の「一」に還帰することをもって完結するのであれば、不要なことであったのであろうか。そうではない。むしろ原初の「一」はこの神秘主義的円環を人間が苦悩しつつ自己否定を完成させることによって、いっそう高められた「一」となるからである。

(2)　エックハルトにおけるグルントの意味

以上に述べたように、エックハルトにとっては、神と魂の関係性、とりわけ超越的次元での「一」の事態の回復こそが主たる関心事であり、それを至福であるとして、ドイツ語説教において自説を展開してきた。その教えの根本は、神の恵みを受けて離脱を徹底することを契機とした「神の誕生」に収斂している。それではこの誕生はどこで実現するのかということになるが、エックハルトはそれを魂の極所に指定している。例えば彼は、「神は魂の最高の部分の内に（in daz hœhste teil der sêle）その独り子を生む」[26]と述べるが、この最高の部分は、彼のドイツ語説教では、魂の諸能力がそこから発出し、しかも諸能力を超越した次元のもの、すなわち魂の極所たる「魂のグルント」（grunt der sêle）、あるいは端的に「グルント」（grunt）と表示されることが最も多い。

とはいえエックハルトの場合は、後のタウラーとはちがい、神が誕生する場はもっぱらこのグルントという概念で表現されているとはいえない。彼はこの神に開かれた魂の「極所」であることを強調して、抽象的な、魂の中の「何か」（etwaz）などさまざまな呼び方を工夫しており、多様な名辞を用いている。そのことは、グルントが魂の究極を示す中心的概念でありながらも、他の名辞も並行して存在することにより、タウラーと比較すれば、グルントの取り扱いは相対的であるということである。タウラーはエックハルトの魂の究極を表す多様な表現から、このグルントを選択したと考えられる。

それでは、エックハルトにおける魂の極所についての表現を確認しておこう。

（a）　魂のグルントと同義語の別表現：vünkelîn, innerste, wesen ほか

エックハルトにおける魂の極所の表現を考察する前に、ひとまず彼の魂論をふまえておきたい。

彼は魂を大きく分けて、本体たる「最内奥」（das innerste）と「諸能力」（die krefte）とに二分する。そのさい後者は前者から発出するが前者は後者を超越するものとされている。

エックハルトのこの諸能力についての理解は、説明からすると伝統的な神学に依拠したものと理解され、上位の諸能力と下位の諸能力が区分されている。エックハルトは彼のドイツ語説教ではこれについてわずかしか言及していないが、上位の諸能力として彼は、「記憶」（gehochnysse = memoria）、「知性」（inteligencia = intelligentia）、「意志」（wylle = voluntas）（説教第一四）[27]、または「認識」（bekantnisse）、「憤怒能力」（ûfkriegendiu kraft = irascibilis）、「内的意志」（wille）（説教第三二）[28]を挙げている。また下位の諸能力には、「判断力」（bescheidenheit = rationalis）、「憤怒能力」（zvrnerin = irascibilis）、「欲情能力」（begervnge = concupiscibilis）を当てている（説教第八三）[29]。

説教によって配分される内容が異なり、「憤怒能力」が上位と下位の両能力に属することは矛盾しているが、とりあえずエックハルトはこのように分類している。

しかしエックハルトにおいては魂の諸能力が魂の全体ではない。彼は魂の「本性」（natûre）自体を立て、それは「露わで純粋な神性以外の何物をも受け入れることのない（niht ennimet dan blôz lûter gotheit）」ものと述べている。[30] これは先の諸能力を凌駕しつつ、源であるものである。

この魂の自体すなわち究極の場については、エックハルトはその特性を基本的に神によって創造されたとして「被造的」と見なしているが、他方で「非被造的」ともとれるような曖昧な語り方をしており、[31] 理解が非常に微妙になっている。これはエックハルトをして、神からの創造を被らない流出を説く異端者だと位置づける可能性を残すきわめて重要なものであるので、後にさらに考察を深めてみたい。正統信仰に基づけば、魂の極所もあくまでも被造物であるということであり、彼もまた「弁明書」において被造物性を認めたが、この間の差異をどう理解すべきかは困難な問題となっている。

さて先に、魂のこの究極の場はエックハルトでは‚grunt'として表現されることが最も多いとしたが、その他にはいかなる別表現があるであろうか。

彼は魂の不可視の極所をあえて語ろうとするためか、これを抽象的な語で「本質」（wesen）[32] と表現する。また「ある何か」（ein waz）[33] が見られ、これは「魂内のある何か」（daz etwaz obe der sêle）[34] といわれる。さらに「魂内の一つの力」（ein krafft in der sêle）[35] ともされる。これは「精神」（mens）、「知性」（vernüinfticheit）[36] とも呼ばれて、知性的な側面での神との親縁性を示している。

その他に、魂のこの極所を端的に示そうとして、エックハルトは形容詞の最上級を用いて、「霊の最内奥」（des geistes innigestez）[37]、「魂の最内奥」（das innerste der sel）[38]、「魂の最上の部分」（daz oberste teil der sêle）[39]、「魂の最高の部分（daz hœhste teil der sêle）」[40]、「最も純粋なもの」（daz lûterste）[41]、「最も高きもの」（daz hœhste）[42]、「最も高貴

なもの」（daz edelste）[43]とも述べるが、これらもくり返し使用される表現である。

それ以外に名詞では、さらに「原初」（das êrste）[44]、「起源」（der begin）[45]、「源泉」（der ursprunc）[46]、「核」（der kernen）[47]、「（霊の）保護者」（ein huote des geistes）[48]として、もう少し具体性をもたせたり、「純粋性」（die lûterkeit）[49]などと、根元性や純粋さを抽象的に示したりする場合もある。

また、エックハルトは具象的な名詞も用いて、木の高所を表す「梢」（wipfel）[50]や「枝」（zwîge）[51]としたり、「砦」（bürgelîn）[52]とか「神殿」（tempel）[53]というように建物として表現したり、「最高の顔」（daz oberste antlütze）[54]や「内なる目」（daz inner ouge）[55]と身体に関わる表現を用いたり、「帽子」（houbet）[56]、「衣裳部屋」（kleithûse）[57]、「（最内奥の）泉」（der innerste gequelle）[58]など、としたりもする。これらはこの神秘家自身の好みであるのか、当時の宗教文学の流行的表現の反映であるのかもしれない。

それ以外のものとしては、エックハルトはこの魂の極所がこの世を超越する次元というニュアンスを込めて、聖書のイメージとも共通させて、生きたものの住む場ではない「荒野」（wüestunge, wüeste）[59]、「荒涼とした土地」（elende）[60]、「静寂」（stille）[61]とも語っている。

さらにエックハルトでは、光に類する表現として「火花」（vunke）[62]、「小火花」（vünkelîn）[63]が現れ、また「光」（lieht）[64]も存在する。

エックハルトはこうした三十にも及ぶ諸表現を用いて、魂内の神の子の誕生の場を示している。しかしこれらの名辞は確かに知性的な究極を暗示するものではあるとはいえ、それが魂の「場所」なのか、魂内でのはたらきなのかといったニュアンス上の差異もあり、必ずしも納得しやすいものではない。いずれにせよ、エックハルトがこれらの表現すべてに神と共通する知性的な性格を付与していることは重要である。またこれらのうちのいくつかは、人間の魂の極所であると同時に、神の極所を表す場合があることも付け加えておかなければならない。人間の脱自の次元が三位一体の神の脱自の次元と「一」であるというエックハルトの明確な主張がそこに反映しているというべきであろう。

ところで上記の表現の中でも、‚vünkelîn' の場合はグルントに次いで多く使用されるきわめて重要な概念であるが、なぜエックハルトがこの ‚vünkelîn' を好んで用いたのかが判然としない。これは伝統的には ‚scintilla animae, apex mentis' にさかのぼり、サン・ヴィクトル派のリカルドゥス（‚scintilla synderesis' として展開）やボナヴェントゥラも使用したとされる概念であり、エックハルトも同様に用いたと指摘されているものである。[65] エックハルトの場合、これをそのまま継承したのか、それとも自家薬篭中のものとして使用したのか、エックハルトがいかなる理解において用いたのかは、不明である。

エックハルトはこの ‚vünkelîn' を「霊」（geist）の内なる一つの力であって「拘束を受けず自由であるもの」（説教第二）[66]、‚vernünfticheit' と同等であるもの（説教第九）[67]、粗雑なものを取り除いて神と一つにされる魂内のある力（ein kraft）であって、「神に創造され、上から光を刻印された、神的本性の像」（説教第二〇ａ）[68] であるものと述べる。またエックハルトは ‚vünkelîn' についてさらに、「神がすべての被造物を創造した時、それに先立ち、すべての被造物の像を宿す創造されなかった（ungeschaffen）ものを生まなかったであろうか、生んだはずである。それが火花であり［…］この小火花（vünkelîn）は神ととても親縁である」（説教第二二）[69] と述べた。さらに人間はこの「時間とも空間ともかかわらない」魂内の ‚vünkelîn' において「一つにされ、聖化される」（説教第四八）[70] といわれる。この ‚vünkelîn' は神の像が置かれる「心の最上部」（説教第七六）[71] だとも呼ばれる。

Ｂ・シュモルト（Benno Schmoldt）はエックハルトの ‚vünkelîn' と ‚synderesis' に言及して、「魂の小火花」

（vünkelîn der sele）のラテン語逐語訳である‚scintilla animae'はスコラ学には存在せず、トマス・アクィナスにおいては‚scintilla rationis'や‚lumen rationis'が見られ、これとエックハルトの発想が近いものであると指摘する。そしてそれを「神の似姿」（imago Dei）と解釈する可能性を表明している。[72]

いずれにせよ、エックハルトのこの‚vünkelîn'は善なるものに関わる‚synderesis'[73]とは異なり、あくまでも知性的な性質を失わず、神と親縁の特徴を有していることは明らかである。

（b）説教分析——説教五b、一〇を中心として

エックハルトにおいて、魂の最内奥を示すグルント（grunt）は多くの説教で頻出するが、なかでもこのグルントについて詳細に説明されているのは、説教第五b、一〇である。したがって、ここでは主にこの二編に依拠しながら、グルント概念の内容を意味機能を含めて分析したい。もちろんそのさい、他の諸説教からのグルントについての叙述も加えて理解を深め、グルント概念を総合的にとらえることとする。

説教五bは、ヨハネ第一の手紙四章九節の章句に基づくものである。この説教ではエックハルトの神秘思想の骨子、すなわち人間が自己の被造物性を突破することによって神性との「一」を回復するというあり方が示されており、それに合わせてグルントはかなり多く現れ、十回用いられている。

エックハルトはこの説教ではまず、イエス・キリストの受肉の神秘について語り、神の第二のペルソナが「人性をとる」（menschlîche natûre an sich nemen）ことにより、すべての人間と同じ地位に立ったとする。このことは、人間がこの受肉者を通じて神性に至るという救い、すなわち至福の前提となる。イエス・キリストはまさしく、この至福を告げ知らせる前触れの使者なのであった。それでは一般の人間とイエス・キリストの間の差異は

どこにあるのか。それはイエスが自我や被造物への執着を完全に脱していて、つねに神との「一」の状態にあるという点にある。ここからして、人間も同様に離脱を決定的に実現するために自己を浄化すべしとのエックハルトの勧告となる。この「離脱」の実現は、神の子の誕生を喚起することになる、と彼は考える。

エックハルトは、「御父はこの最内奥のグルントで（in dem innersten grunde）御子を生むのであるが、そこではこの（人間の）本性（＝「人性」）が漂っている（ein insweben disiu natûre）。この本性とは一つの、単一的な（ein und einvaltic）ものである」[74]と言う。

エックハルトは、この人間の側の「離脱」として必要な、次の三条件を挙げる。

それはまず、他者と自分を分け隔てせず、分離を克服できていることであり、次には、心を浄化して、被造物性を超越することである。さらに、「無から解放されている」（nihtes blôz stân）ことである。これらは一言でいえば、「自己の被造物性においてお前自身（＝我性）を脱却すること」（dîn selbes in crêatiurlîcher wîse uzgân）[75]にほかならない。これらの実現において、魂の「最内奥」（innigestez）では神が誕生するのである。

エックハルトはそこにおいて、「神のグルント（grunt）は私のグルント（grunt）であり、私のグルントは神のグルントである。ここで、神が自身の本性から（ûzer mînem eigen）生きるように、私も私自身の本性から生きる（ûzer mînem eigen）」[76]のだという。ここでは神と人間の「一」が語られているが、これはもちろん、神の能動（主体）と魂の受動（受身）において実現するという通例の仕方での「一」とは異なるといわなければならない。なぜかといえば、これは人間が、神のために自分を脱却することにより、神も人間のために神自身を完全に脱却する事態だからである[77]。人間が自己の被造性を克服することが、同時的に、被造物である自己に与えられた能力によって作り上げた有形の神（神の有形性）を突破するのだからである。そのとき神も自らの形を脱ぎ捨て、形のない神性が顕らかになるのである。また反対から見れば、ここでは神が人間の被造性をはぎ取らんとする意志も明白である。とすれば、いわば、ともに自己の主体性を徹底することによって実現する、主体同士の相互作用ということができるであろう。もちろん、この事態の根底には神のはたらきの絶対先行性があるといわなければならない。つまり、人間が神の恵みを受けて人間を突破することを契機として、神は神自身を突破し、両者は脱自の次元で「一」を回復するのであり、この出来事にはそもそも神の先行的はたらきが前提となっているということである。

そしてエックハルトはこの神と人間の一なる脱自的次元をグルント（grunt）と表現しており、それは人間が「なぜと問うことなく」（sunder warumbe）[78]自らの生を尽くしている次元だとしている。

このように本説教でも、グルント概念は人間の魂の極所を表示するものとして使用されるが、ただしそれは魂の最内奥とされながらも、たんに魂の根底という具体的な「場」を示しているとは言いがたい。確かにエックハルトは必ずしも数は多くないが、「魂の根底」（grunt der sêle）という表現を用いている[79]。しかしそれにしてもこの神秘家の場合には、このグルントはすでに魂という人間に帰属する場でありながら、すでにそこが人間を超えた脱自の次元を示しているというように、矛盾的にしか読むことはできない。そしてこのグルントは有形の神の脱自の次元すなわち神それ自身としての神性を表してもいるのである。神と魂の脱自の次元をグルントと呼ぶことは、エックハルトが両者の「一」こそを本来的なあり方であると確信していることの証左でもあると思われる。

エックハルトにおいては、人間の魂のグルントは自己を無化して神を受け入れる場にとどまっていてはならない。人間が「私の所有の場」さえ失うことによって、人間は場なき場（＝固定された場を持たない場という矛盾表現）であるグルントに飛び出ていなければならない。エックハルトの場合は、この徹底した霊的貧（armuot des geistes）の実現によってしか、グルントの次元での神の誕生はありえないのである。

このグルント観は、後ほど検討するように、タウラーの場合とは質的に異なるものである。タウラーではグルント（grunt）は超越の次元に開かれているという点では同じであるが、あくまでも人間の魂の究極の「場」としての位置づけがなされており、自我のはたらきかけと被造物への執着によって堕落する危険のあるものである。エックハルトのグルントのごとく、人間が信仰生活の面で堕落しても不壊性は保持する、神ときわめて親縁で、非被造性を思わせるような知性的な「何か」（etwaz）ではなく、それには三位一体の像が内在するとはされるが、むしろ高貴な心的機能を有するものであるといえよう。

次に説教一〇であるが、ここではグルントへと究め行く魂について述べられる。

エックハルトはアウグスティヌスと同様、神と魂の近さをいう。「魂は自らその存在を神から媒介物なしに（âne mittel）受け取る。神は、魂が自己自身に対するよりも魂にいっそう近く存在する（næherdan si ir selber si）。神は魂のグルントにおいて、その全神性を備えて存在する（got ist in dem grunde der sêle mit aller sîner gotheit.）」のである。(80)

ここでは神と魂の脱自的次元での「一」が説かれているが、これは本来あるべき事態だとはいえ、魂はこの「一」の事態を真の意味で自覚していない。そのことは、現実的には「一」が成立していないことを意味している。それゆえ、魂はこの「一」の回復に向けて自らのグルントへと突入していかねばならない。そのさい、神は言語表現を超越する存在であるから、魂は自己の被造物性を乗り越えることが求められる。

次にエックハルトは魂の二つの目について述べる。

そのうちの一つは外なる目であり、目は「すべての被造物に向けられるもので、それらを像（bilt）の様態でとらえ、魂の諸能力（die krefte）のはたらき方において知覚する」[81]。この諸能力は、エックハルトでは魂の本体であるグルント（grunt）とは区別されるが、グルントに由来するものである。この目でとらえうる神は有形の神であって、聴衆あるいは論述等の読者がこの有形の神にとどまることをエックハルトは認めず、さらに内なる目へと注意を喚起する。

彼はこの内なる目について、「神を神自身の味において、神自身のグルント（grunt）で知るために、自己自身へと内向させられた人は誰でも、一切の被造物から解放され、そして真理のまことの城の中に、自己自身の内に引きこもる」[82]ことになると語る。この目が見ようとする、有形の神の脱自体である無形の神、すなわちグルント（grunt）に至らせる原動力こそが、エックハルトが魂内の「ある一つの力」（ein kraft）[83]と名づけるものである。

この力のはたらきについては、こう説明される。

「神が善であるかぎり魂は神をとらえない。神が真理であるかぎり魂は神をとらえない。魂はグルント（grunt）まで行き、さらに求めつづけ、神の単一性において神の荒野において神をとらえる。魂は神を神の荒野、神自身のグルント（grunt）においてとらえるのである。それゆえ、魂は何にも満足しないで、神性における神、神自身の本性を所有する神とは何かを探し求めつづける」[84]。

ここには、無形の神である神性との「一」を求める魂側の、力強い主体的なはたらきが示されている。エックハルトでは自己の意志や行為を抑える静寂主義的な観点はなく、人間の側の主体性が前面に出てくる。こうして第二の、真の意味での「神の誕生」が生起する。それは御子と同じものとしての人間の誕生である。「人間は独り子として生まれた御子であるごとく、生きなければならない。独り子として生まれた御子と魂の間にはなんら差異はない[85]」。これを実現することが神の真の役割であった。このためには、魂は〈永遠の今〉に立脚していなければならない。なぜなら、「神は世界と万物を現在の今も創造している。千年も前に過ぎ去った時も、神にとって、今の瞬間存在している時と同じように現在であり、近い[86]」からである。魂が被造物性を否定し尽くして、この〈永遠の今〉に至ったときに初めて、「御父はこの魂にその独り子を生み、この同じ誕生で魂は再び神の内に生まれる。これは誕生であり、魂が神の内に生まれるたびごとに、御父は魂の内にその独り子を生む[87]」と、エックハルトはいう。神に創造された魂が、自己の被造物性を突破して神性と一となる、それが神の内に魂が生まれることであり、神の御子が魂の内に生まれることなのである。ここで、生むことと生まれることが相即し、一なるはたらきとなるわけである。

第三節　タウラーにおけるグルント概念

（１）新プラトン主義的傾向性を超えて

タウラーがシュトラースブルクの神学生時代に、エックハルトの説教や講話を聞き、説教集や論述を読んだことは、ほぼ確実である。そしてこの高名な神学者の思想を真正なものと理解し、その新プラトン主義的な神秘主義を十分に受け入れたにちがいない。しかし自らが司祭に叙階されて説教活動を積み重ねていくにつれ、神と人間の「一性」というエックハルト的な極端な強調に対しては、徐々に慎重になっていったと推測される。理由はたんに、エックハルトと類似の方向で思索しながらも、修道女らの躓きの危険を阻もうと配慮したのだという説明では十分ではないと思われる。むしろ、神と人間を相互愛において無限に親しき存在ととらえるのと同時に、神を人間の救い手である超越的他者とする、存在論的次元での両者の絶対的な差異を、タウラーが深く自覚していたからであるといえよう。この神と魂との関係性における「一」と「差異」の両契機、および後者の強調こそが、タウラーの神秘思想の特徴であり、結果として彼を正統信仰の枠内にとどめえたのだといえるのではないだろうか。この立場からして、タウラーはエックハルトを卓越した教師と位置づけながら、他面では異端に傾く危険的要素を嗅ぎとって間接的な批判を加えたのではないかと考えられる。

タウラーは、説教第一五「父よ、私が最初にもっていた栄光で私を栄化してください」(Clarifica me pater claritate quam habui prius.) でこう述べている。

ある高位の師は、これ(最高の真理)について語られたが、(それに至るための)方法や道(wise und wege)は示されなかった。多くの人々はこれを外的な思考で(mit ussern sinne)理解して、毒された人間になってしまった。それゆえ(定められた)方法や道を通してこれ(最高の真理)に到達する方が、百倍もよい。[88]

この匿名の「高位の師」とはエックハルトを指すが、タウラーは霊的講話でこう述べて、師は確かに真正の真理を語ったが、具体的な教導については問題点がなかったわけではないとして、批判的な見方をしている。実際に、タウラーも神と人間の合一を最終目的としているが、その場合には、到達には、あくまでも人間が自己の自然本性(natûre)――タウラーでは明確に被造性が強調される、罪への傾きを有する人間本性――の堕落状態を徹底的に自覚し、そこから、毒された状態のグルント（grunt）を浄化する方向へと主体的に転じ、恩寵の光を受けて変容させられねばならないことが条件となる、という考えが終始一貫している。つまり人間は、非本来的なあり方へと転落した自己が一度決定的に否定される、つまり実存上の霊的死を通過することなしには、神との合一は体験できないということである。タウラーはこの点に、人間存在の被造物としての限界を見ているのだといえよう。タウラーが神と人間の霊的合一をいう場合には、かならず両者の「非類似性」（unglîcheit）をふまえている。そこには、タウラーは聴衆に向けて、魂の諸能力、とりわけ感性的能力と理性的能力に自我の毒性が浸透して、神との合一の場たるグルントまでも汚し切っているという惨憺たる状態を徹底的に認識し、そこから浄化に向けて立ち上がるようにと鼓舞し、そのための司牧上のプログラムをつねに提供している。タウラーは、エックハルトのように、体験されるべき「一」の霊的世界そのものを語るよりも、むしろ「合一」に至る過程そのものに焦点を合わせ、不可欠の条件である霊的修練について、倦まず精力的に語ったのである。エックハルトの神秘主義は、とりわけ知性的な側面から神と魂の神秘的合一の内実に切り込み、そのダイナミズムを鋭く分析して説明しているのに対して、タウラーでは、聴衆一人ひとりに、各自の魂の状態を凝視させて「我意」（eigen wille）の病巣を発見させ、そこから魂を浄化する方向に教導していこうとする、つまり心理学的で修養的な実践指導が展開されているということができるのである。

さて以下ではタウラーのグルントの神秘主義の特徴を明らかにしていくが、前提として、先にエックハルトでも見られた創造論の特徴がタウラーでも認められるかどうかを、『V編集本』説教第六一「この人は光について証言をするために来た」（Hic venit ut testimonium perhiberet de lumine.）と第四三「神の霊に動かされる人々は、神の子である」(Qui spiritu dei aguntur, hij filji dei sunt.)において確認しておきたい。

先にわれわれはエックハルトにおいて神秘的合一の前提となる、新プラトン主義的な特性を示す創造論を検討し、そこでは二点を確認した。それは、(1)エックハルトでは、「無からの創造」(creatio ex nihilo)という教義に抵触すると疑われる、人間はもともと神自体としての神において「先在していた」という考えが唱えられていること、(2)エックハルトが、「創造する」(schepfen)を過去・現在・未来という時間的序列とは次元を異にする絶対現在上での事柄としてもとらえており、「創造」を、離脱と突破、神の誕生と関連させているということであった。この点を含め、タウラー自身は創造をいかに理解しているのであろうか。

説教第六一ではこういわれている。

現在、創造された状態の人間は、かつては創造されない状態において(in ungeschaffenheit)、永遠に神の内にあったもので、神の存在と一であった(ein istig wesen)。それゆえ人間は、かつて源泉から流出し(us dem ursprunge geflossen)、創造されない状態から創造された状態への変化を受けたのであって、その(元の)純粋性(luterkeit)に至らないかぎりは決して神に戻ることはできない。人間は(被造物への)志向性(neiglicheit)と執着と自己満足のすべてを、また獲得するという行為によって自己のグルント(grunt)を汚したもののすべてを捨て去り、所有せんとした精神的、物質的なすべてと、分散した心で取り入れた知識や思想のすべてを根絶することがなければ、自分が流出した源にまで戻ることはできない。もちろんこの浄化だけでは十分ではない。(人間の)霊は恩寵の光で変容させられ(über formet)なければならない。(89)

この引用の前半部分は、まさしくエックハルトと見紛うばかりの表現となっている。タウラーはまた別の説教第五六「あなたがたの心の底から新たにされて」(Renovamini spiritu mentis vestre.) でも、「人間は創造以前には、神の内で永遠に神であった (der mensche was eweklichen in Gotte Got in siner ungeschaffenheit)[90]」と述べている。ただしタウラーの場合は、エックハルトのように、神自体における神である神性 (gotheit) と人間に対して立ち現れる対向的な神 (got) を明確に区別してはいない。たとえタウラーの神においてエックハルトが区別する神の二重性がほの見えることがあるとしても、表現上はあくまで三位一体の神 (Got als heilige drivaltikeit) である。さて、タウラーもこのようにエックハルトと同様に、人間の流出以前の先在を語っているのであるから、その点ではやはり「無からの創造」の教義に抵触しているといえよう。また彼も、神による万物の「創造」という事態に「流出」と「還帰」をあて、神の能動性を曖昧にしている点や、流出と還帰を語り、還帰によって実現する原初の神 (神性) との合一をもって目標とする点は、エックハルト同様に新プラトン主義的循環との類似性を語っているといえよう。

次に、エックハルトの「創造」のさらなる次元である、絶対現在における神の誕生の側面は、タウラーではどうなっているであろうか。タウラーは、神の誕生に関しては、自我や被造物性の突破すなわち離脱と関連させて、とりわけ「創造する」(schepfen) という語を用いることはない。むしろ、人間の魂の内で離脱を徐々に実現させていく神自身の持続的はたらきを指して、「かり立てる」と表現している。

タウラーは、説教第四三でこう述べている。

聖霊は教師を通じて、こう語りかける。「愛する者よ、あなたがわたしに身をゆだね、わたしに徹底的かつ完全に従おうとするなら、わたしはあなたを正しい道に連れ出そう。そうなればわたしはあなたの中でさらに活発に働くことができるし、あなた自身をかり立てる（würken）つもりである」[91]と。

この引用に見るように、タウラーでは離脱と突破によって生起する、魂内での絶対現在上の神の誕生を表現するために、「創造する」という概念を用いることはない。彼においては、神が自身との合一を実現するために人間の魂の内で徐々にはたらきを及ぼしてグルントを準備していくプロセスが重視されて、聖霊の「かり立てる」はたらきが強調されているのである。

（2）タウラーにおけるグルントの意味

タウラーの神秘主義は、一方では信徒が苦難のキリスト――それは十字架上での受難で頂点を迎える――に自己のすべてを完全にゆだねて生きていくという意味での徹底した信従を説く。それにはもちろん、先述したように、救いの糧である聖体を受ける修練も含まれてはいるが、何よりも十字架上の死と復活によって人間の救いを実現させたナザレのイエスの、自己を「空じる」生き方のまねびである。タウラーは、当時猖獗をきわめていた自由心霊派の異端のことも意識して、「彼ら（自由心霊派の兄弟姉妹）は我が主イエス・キリストの聖なる生涯には一度も突入せず、諸徳の修練によって（mit uebungen der tugende）自然本性を突破しようとせず、真の愛の道も歩んだことがない」[92]と痛烈に批判したが、タウラーにはエックハルトとは違って、イエスの生に認められること、イエス・キリストへの信従を日々の信仰生活の中で具体化する傾向が認められる。その霊的実践とは、イエスの生き方へのまねびである。タウラーは、「無くなわち徹底した謙遜によって自己を無として生きる（ケノーシス）生き方へのまねびである。タウラーは、「無くてはならぬものは一つだけである」(eins ist not; ルカ一〇章四二節）と語ったイエスの言葉を引いて、それは、神がすべての事態を通して、人間存在は「本来的に無」にすぎないことを教えているのだ、と述べている。しかしこの無は、人間の最も浄化されたあり方であり、神との神秘的な交わりはそれによって自ずから生じるのである。それにもかかわらず人間は「我意」(eigen wille）という魔物に騙されて判断を誤り、感覚や理性を誤って用いて日々罪を犯しながら生きており、神との合一に向けて開かれている最も高貴な場である魂の最内奥のグルントまで、回復困難なほどに汚してしまっているのである。人々はこの我意という罪の根を断たぬまま行動しており、しかも我意を満足させる生き方はすでに悪癖となって信仰生活にまで浸透してしまっているということが、タウラーの現実理解であった。それゆえ彼は、聴衆に対して痛烈な批判を浴びせかけている。タウラーがイエスに見た「ケノーシス」のありようは、こうして信徒が現在の惨めな事態を正しく認識し、神の恵みのはたらきを受けて克服の道を進んで行くという、自己否定への決断につながる。タウラーの説教では、「無」(nicht）という表現は、第一に、人間が実体ではなく被造物性を本質としている存在だということ、第二にそれに起因して、完全者ではなく罪を犯す傾向性を有する存在であるということを示しているが、ここでは決定的にポジティヴな概念へと転換する。すなわち、自己の悲観的現実から自己の本来の真実のあり方へと突破する、つまり「我意」の温床である自我の死を決定的に実現することが、次元を異にするさらなる「無」の局面なのである。

したがってタウラーの神秘主義は、イエス・キリストのケノーシスの生き方にならって魂を浄化することを主眼とする。魂の構造についていえば、タウラーもエックハルトのごとく、魂の諸能力(krefte）とはあらかじめ区別されたものとして魂の根源たる本質(wesen）を考えている。それがグルントである。そして神との神秘的な霊的交流を回復するためにこのグルントを浄化していくことに、説教の内容を集中させている。しかし以下に述べるが、タウラーのグルントは概念内容からすると、エックハルトのグルントとは微妙な差異を示しているどころか、大きく変質していると読める。以下ではこの点を検討していくことにしたい。

ところで、タウラーがこのグルントという表現をどの思想家から継承したかという点であるが、それについては先述したように、プロクロス、アウグスティヌス、中世ドイツのミンネ文学など、さまざまに推測されてはいるが、確定的であるのはやはりエックハルトであり、そこには直接的な影響関係があると判断せざるをえない。エックハルトは魂を諸能力と本質に二分し、後者を魂の極所として本来知性的なものと考え、これこそが神との合一に決定的な役割を担うものと見なした。この最内奥は、先述したように、エックハルトではさまざまな名称で呼ばれるが、なかでも表現には ,grunt‘ が使用される場合が最も多く、次いで ,vünkelîn‘ ,vunlelîn‘ が目立っている。エックハルトがグルントの特性を示すときには、それを被造物であると断言する場合と、創造を被らず神自体としての神から流出した非被造的なものというニュアンスで示す場合と両方あるが、どちらかと言えば後者の非創造性が強調されていると読める。ほぼ断言できることは、タウラーはこのエックハルトの ,grunt‘ を継承して自分なりに解釈を加え、自らの神秘主義教育の根本概念にしたということである。タウラーの ,grunt‘ は、『V編集本』の全八十一編では六編を除いて確認されるものであり、彼の神秘主義的司牧の核概念となっている。

タウラーのグルント（grunt）概念がエックハルトから変質している点は、以下のとおりである。

それは（1）グルントがエックハルトのごとく神と魂の極所を表す名辞ではなく、魂の根源にだけ適用されていること、（2）グルントが魂の極所を表す場合には、エックハルトでは魂内の「最内奥の場」よりも魂の「脱自的次元」が強調されるのに対して、タウラーでは「脱自的次元」を暗示させる場合もあるが、主として魂の「最内奥の場」が考えられていること、（3）エックハルトではグルントは小火花 ,vünkelîn‘ などの別表現であるのに対して、タウラーのグルントは――小火花と同種の表現である場合もあるが――三位一体の形像や小火花などを蔵するある種の「容れ物」的なものとして考えられていること、特に三位一体の像を隠しているとされていること、(4) タウラーのグルントはエックハルトのそれのように被造物や自我の汚染を被らない水晶のごとき知性的な魂の最高機関ではなく、むしろ自我を根元とする「我意」のはたらきに毒されて堕落する心的機関であるということ、(5) タウラーでは、グルントに相当するものとしては、使用される回数こそ極端に少ないが、ゲミュエテ (gemuete) があるのみだということ、(6) タウラーではグルントの浄化には長い年月の熟練が必要となり、五十―六十歳台に達しない間は、この世での完成に近い状態は見込めないということ、などである。

タウラーは魂の究極の場に、神の恵みを受け、神との合一に向けて開かれるグルントを措定している。エックハルトでは、いわゆる神との合一は神が魂を空じることで魂を脱自の次元であるグルントに至らせ、魂もそれによって神から被造物性を奪った神の脱自の次元であるグルントで神をとらえ、両者はそこで「一」である事態を実現することが合一とみなされ、主主合一の点が強調されているように見える。これに対して、タウラーではあくまでも神は人間の魂の極所であるグルントを浄化し――もちろんそれには人間の側の協働が必要であるが――自己との合一が可能となるように自らが魂を整えるという、主客合一の性格が濃厚である。そしてタウラーはグルントの浄化の道程は、まさしく苦難のイエス・キリストの生き方に、信徒自身が自己の生き方を重ね合わせる「まねび」であることとする。

タウラーはこのグルントの浄化をもって、自らの神秘主義的な教導の主要点とする。タウラーは神との神秘的合一の事態そのものを語ることは好まなかった。むしろ生涯をそのために整えていこうとする、信仰上の「進歩者」のための司牧を、説教家としての使命としたのである。

（a）　魂のグルントおよび同義の別表現ゲミュエテ

タウラーは魂の最内奥を指示するグルントの概念上の性格について、他の霊的概念と比較しながら明らかにしている。ここでは、説教第五六と第六四「あなたがたが見ているものを見る目は幸いである」（Beati oculi qui vident que vos videtis.）において、考察してみたい。

説教五六でタウラーはいう。少し長いが引用してみる。

〔1〕人間の霊（geist）は［…］ある場合には魂（sele）といわれる。それは魂が体に生命を注ぎ込む面からであり、それで霊は体の各部で運動と生命を与える。別のときには魂が霊と呼ばれる。すると魂は神と大いなる親縁性（sipschaft）を得ることになり、それはあらゆる程度を超えている。なぜなら神は霊であり、魂も霊だからである。そこでは魂は自己の源泉であるグルントに永遠に傾いていて（wider neigen）、その内を覗き込もう（wider kaphen）とする。（神と）同じ霊的存在であるために、（人間の）霊は自己の源泉（ursprung）へと、（神との）類似（gelicheit）へと再び傾き、身をかがめる。この志向性は、永遠の罰が必定の人間からも消えることはない。また魂はゲミュエテ（gemuete）と名づけられる。これは尊いもので、ここには理性（vernunft）や意志（wille）といった全能力が集められている。それでもゲミュエテは諸能力を離れており、かつさらに豊かである。ゲミュエテには諸能力の活動を超える、内的で本質的なものが備わっている。ゲミュエテが整っており真直ぐ神に向いているなら、他の能力もすべて整っている。だがゲミュエテが（神に）背を向けていれば、意識していようといまいと、すべてが背を向けていることになる。

霊はメンス（mensche）と呼ばれる。子らよ、これは聖なる三位一体の真の像（dis wore bilde der heiligen drivaltikeit）が隠されてあるグルントである。これは大いに高貴なものであるから相応しい名を与えることができない。ある場合にはそれは床（boden）、別の場合には魂の梢（dolten der selen）と呼ばれる。しかし神に相応の名を与えられないように、それにも相応の名を与えることはできない。グルントに住んでおられる神を見出すことのできる人間は、神を眺めて幸いとなることだろう。そこでの神との近さ、神との親縁性（sipschaft）は言い表せぬほど大きいので、われわれにはそれを語る勇気も持てず、語る力もない。(93)

また説教第六四では、グルントについてこう述べられている。

〔2〕　幸いとされる幸いな目については、二つの意味が考えられる。最初は、自己の内にある偉大で不思議な高貴を霊的に見つめることである。神が魂のグルントに置いた特別な親縁性（sibschaft）を良く正しく見ることで、愛する心には大いなる幸いが生まれる。グルントに隠れてある内なる高貴（adel）については、アルブレヒト司教、ディートリヒ師、エックハルト師が語っている。一人はそれを魂の火花（funke der selen）と呼び、別の方は床（boden）または梢（tolden）と言い、もう一人は原初（erstekeit）としている。アルブレヒト司教はそれを、聖三位一体が形成されて内に置かれてある像（ein bilde in dem die heilige drivaltikeit gebildet ist und do inne gelegen ist）と理解している。この火花はよく整えられると、認識できないほど高くへと飛んでいく。火花は非創造のときに（in siner ungeschaffenheit）留まっていた、そしてそこから流出してきたグルントに還るまで、安らぎを得ないからである。(94)

〔1〕では、人間の心的分析を通して、尊さと神との親縁性が示される。タウラーはここで、人間の心を活動の特性および関係性の観点から、「魂」「霊」「ゲミュエテ」「メンス」の四種類に区分する。「魂」と呼ぶときには身体という有機的生命体を意識しているが、「霊」である場合は神との親縁性がいわれ、同時に人間の神への志向性は決して滅しないものだと指摘される。さらに「ゲミュエテ」というときには、諸能力を一つに統べながら諸能力を超えた精神の最高次元のはたらきが語られる。それが神に背けば人間の全体が神に背くことになるわけである。最後に「メンス」であるが——これは ‚mensche' の訳語であり、「人」と訳せるが、ラテン語の ‚mens' の写本上の誤筆記と判断して、「メンス」と理解した——この場合は、神が人間の内に置いた三位一体像を蔵するグルントがいわれている、と強調されている。

ここからタウラーの考えは、こう整理される。まず（a）霊であるという点で神との親縁性を示す人間は、そのために本性的に自己の本源たる神への志向性を有しており、神に還帰しようとするものであること。次に（b）人間存在の究極の場はグルントであり、その内に神の三位一体の「像」が隠された仕方で置かれているという意味で、グルントは最高の高貴さを有しているということ。その場合に、ゲミュエテをどう理解すべきかであるが、これはグルントをはたらきにおいてとらえたさいの名称だということができる。タウラーは他の説教において、グルントとゲミュエテをほぼ同義で用いている[95]。したがって（c）人間の精神の極所には、諸能力を統御する超越的なあるものが存在するということ。タウラーはこのあるものについて、それは同時代の他の思想家らによって「床」とか「魂の梢」とも呼ばれているが、それらの名称も、また自らのグルントやゲミュエテも、本来の高貴さを精確には表現できず、あくまでも不完全な名称にすぎない、と述べている。

そして〔2〕でも、〔1〕と同じく、霊の最内奥について解説している。ここでは具体的にドミニコ会の卓越した三人の思想家を挙げ、彼らがそれを「床」「梢」「魂の火花」「原初」「隠されて置かれている三位一体像」と表現していると語る。ここでは「魂の火花」と「原初」が加えられている。ただここで注目すべきことは、タウラーがグルントに置かれている「内なる高貴」を、アルベルトゥス・マグヌスは三位一体像と呼び、他の思想家はそれを「床」「梢」「魂の火花」「原初」と名づけたとしていることである。とすれば、〔1〕では「床」や「魂の梢」はグルントと同義であったはずであるのに、〔2〕では「床」「梢」「魂の火花」「原初」など内なる高貴がグルントに含まれるとして、グルントの方がそれらを蔵するという意味で、上位概念となっていることである。

すでに見たように、例えばエックハルトでは床も梢も火花もグルントとは同位の概念であったが、タウラーではある場合にはそれを継承しながら、他の場合にはそれらはあくまでもグルントの内に含まれる魂の高貴を指すものであり、グルントに含まれるとしている。これはタウラーが、内には三位一体の真の像が隠れて置かれているというアルベルトゥスの指摘をきわめて重要視し、それをグルントという究極の場であるとした結果なのであろうか。いずれにせよ、タウラーは人間の極所を、聖なる三位一体像を蔵しているとしてグルントと呼び、他方その機能面を強調する場合には、これにゲミュエテという名称を当てたのであり、その他先に挙げた別の呼び名はほとんど使用しなかったのである。

（b）　説教分析

本項では、神との合一に向けて魂のグルントの浄化を教導するタウラーの説教を分析して、神秘思想の全体像を考察する。そのさいタウラーの説教思想は、おおよそ「人間存在の無の認識」、「神（聖霊）による浄化の試練」、「神との霊的合一」という三段階の展開においてとらえることが妥当であると考えられる。ただしその場合の特徴は、タウラーが修道女たちの説教司牧者として、神との霊的合一に向けて魂の浄化を指導することに焦点を合わせていることである。この点はエックハルトのような思弁的傾向の強い神秘家とは性格を異にしており、むしろ信仰の進歩者の霊的浄化に腐心した実践的指導者と呼ぶことがふさわしいといえる。以下にこの三段階を踏まえて、彼の司牧思想に迫りたいと思う。

（ア）「人間存在の無」（『V編集本』第六四、四五を中心に）

タウラーは説教第四五「あなたがたが見ているものを見る目は幸い」（Beati oculi qui vident quod vos videtis.）でこう述べる。

主は「無くてはならぬものは一つだけである」と言われた。［…］この一つとは、あなたが自分自身からでは全くの無であり、その無だけがあなたの所有だと認識すること（du bekennest din nicht, das din eigen ist）、あなたが何であり、本来何者かを認識することである。あなたがそれをせぬために、主を苦しめているのであり、主は血の汗を流しておられる。(96)

これは、ルカ一〇章四二節のイエスの言葉にタウラーが独自の解釈を施したものである。イエスの話にじっと耳を傾けていて何も手伝わない妹のマリアのことを、接待のために忙しく立ち回っていた姉のマルタが非難して、イエスに訴えた。しかしイエスの答えは、「無くてはならぬものは一つだけである。マリアは良い方を選んだのだ」であった。これは確かに文脈からすると、「神の言葉を聞く暇もなく物質的な歓待に追われないように、との警告[97]であろう。そしてただ一つ、無くてはならぬものとは、「《神の国を求めなさい》に該当する[98]」と考えてよいと思われる。タウラーはこの一節中の「無くてはならぬもの」を別様に解釈して、キリスト者が自覚しなければならない本来の自己のあり方、すなわち「人間は畢竟するに無である」という存在上の問題であるとした。彼の説教には、この人間存在を無ととらえる認識が根本的にあり、これが彼の神秘思想の出発点となっている。タウラーはこの認識を、あえて聖書章句の文脈を外して、イエス自身の言葉に読み込んだのである。

このようにタウラーでは、人間存在の無とは、神がすべてであって人間は被造物であるがゆえに無にすぎないという存在論的な意味合いを有している。しかし彼はこれに加えて、被造物としての人間は不完全であるので、人間自身の行為そのものも欠陥的である、という理解を示す。その上で、聴衆に、「真に謙虚になって、自己自身と自分のやり方を完全に否定（ein gantz verloeigenen）せよ。それは自己自身と自分の行為、なしうるすべてのものを無であると見なすことにほかならない。すべてから離れ落ちて（dem allem enphallen）、自己を完全に無（nút）と見なせ。それが人間本来の姿である[99]」と述べる。

タウラーにおいては、この人間の行為の不完全さは、神への従順を失って神から離反するという罪に直結する。そこに彼は、自己意識を肥大化し、自己と世界の認識を歪めてしまう自我のはたらきを見ている。タウラーが、人間が神の前に立つときの自己の本来の無一物性を忘れ、日常生活に埋没して安逸をむさぼり、目下の魂のあり方を真剣に点検することもなく、信仰生活を習慣的に送っている事態を糾弾するのも、焦点はこの自我のはたらきにあるのである。タウラーにとっては、この問題化した自我こそ、神との霊的交わりを阻害し、人間を救いから遠ざける決定的なものである。

説教第六四でタウラーはいう。

我意にしがみついている（in dime eigen willen stan）かぎり、あなたには幸い（selikeit）はない。真の幸いはすべて、完全な自己放棄（rechte gelossenheit）と無我（willeloskeit）に関わるものだからである。これはへりくだる心のグルントから生まれるのであり、そのとき我意（der eigen wille）は失われる。[100]

それでは人間存在の無の自覚は、いかにして救いとつながるのであろうか。

タウラーは、人間は被造物であるがゆえに存在としては無であるとする。しかしまさにこの無という実存が、アルベルトゥスと同じく、その魂の最内奥に聖三位一体を映し出している。彼はこれを魂がもつ「偉大で不思議な高貴（adel）[101]」と呼び、そこに神との「特別な親縁性」（sunderliche sibschaft）[102]を見ている。この魂の最深の場こそが、グルント（存在論的側面を強調する場合）またはときとしてゲミュエテ（心理学的側面の強調）と名づけられる、本来の意味で神との交流を可能とする、被造的存在でありながらその境界を越え出る次元である。人間はもともとこの神との霊的交わりに自己をゆだねていなければならない。しかしそれが現実化していないのは、自己が徹底的に無になりきれていない、つまり本来の自己に還っていないためである。その根源たる原因に、タウラーは自我の存在とはたらきを見る。したがって彼の指導は、我意が徐々に否定されてグルントが浄化され、身心の全体性が健全化することに向けられるということになる。それは魂の根源において神との交流が回復することを目指すことである。まさにタウラーはこの魂の浄化の道程を教導していくのである。彼にとっての真の幸いは、救いを意味する神との霊的交流を可能とする内なる「高貴」の顕在化であり、その高貴を見る（＝自覚する）目こそが、幸いな目であったのである。[103]

しかしその前提は、人間の霊的な目が「盲目になっていて、真の光を知覚できない[104]」という悲観的な認識である。そのためタウラーは、イエス・キリストにならうための謙遜をはじめとした諸徳の実践、聖霊による試練の受け入れと苦しみに対する忍耐を強調し、それも長年にわたる修徳の実践がいかに必要であるかを説く。彼の神秘主義的司牧が勝義に倫理的で心理学的傾向性が強いのは、まさにこの点にあるからだといえる。多くの神秘家たちも救いに向けての神秘的合一を説いた。しかしそのうちの多くは知的すぎかつ高踏的にすぎて、霊的進歩者の段階にある修道女たちには手が届かない理想にとどまっており、ある場合には曲解されて正統信仰に抵触するものとなったのである。タウラーは神秘主義的な立場からの宗教的真理への到達の重要性をふまえつつも、真理は得られなければ無いも同然という現実性から、自らの説教司牧に独自の工夫を加えたのだと考えられる。

（イ）「神からの試練による浄化」（『V編集本』第六〇b、三八を中心に）

タウラーも神秘家である以上、説教の最終目的は神との霊的な合一であるということでなければならない。しかし彼は合一については、『V編集本』八十一編の中でも二十一編で言及しているだけである。[105] その理由はどこにあるのか。あるいはタウラー自身の述懐からして、[106] 彼が実際にどこまで深い神秘的体験を得ていたか疑われるということがあるかもしれない。しかしそれは彼なりの謙虚な言葉であると受け取るべきであろう。なぜなら説教全体を読み解けば、その内容は説教家自身の体験上の裏打ちなしには説きえないものだと判断できるからである。そこには、合一の体験は聖霊の導きを受けて修練の道を正しく歩み、時を重ねた結果、神の愛によって恵まれる事態だという彼の確信があり、そのための十全な準備の指導を自分は役目として担っているという理解があったのだと推測される。

タウラーはこのように、神秘的合一の事態そのものに焦点を当てて、その内実を叙述することに大きな関心を示していない。むしろ合一を終極点とする立場――とはいえ、最終的な合一は彼岸で初めて実現する可能性であり、この世での体験はあくまで「永遠のいのちのある種の前体験（vorsmag）[107]」にほかならないから、人間の魂を準備することに腐心したのである。

それでは準備のプロセスはいかなるものであろうか。それを理解するためには、まずタウラーの考える、求道的人間の三段階をふまえなければならない。この三段階とは、『V編集本』の説教第十一によれば、初歩者（anhebende lúten）と進歩者（zuonemende lúten）、さらに「この世で完成というものがあるとすれば[108]」と条件をつけた上での完成者（volkommen lúten）である。タウラーの理解によれば、このうち初歩者は、七つの大罪（高慢、物欲、色欲、嫉妬、貪欲、憤怒、怠惰）の影響を受けている人間である。これらの大罪による誘惑は、キリストの十字架と受難そのものが持つ力に頼って斥け、克服しなければならないものである[109]。タウラーは、自由心霊派の信徒らとは異なり、キリストは救いのためには決して乗り越えることができない存在であると確信していた。すでに見たように、イエス・キリストは信従の絶対的な対象である以前に、何よりも聖体の秘跡として厳然としてはたらいているのである。こうした正統信仰上のキリスト理解は、タウラーではエックハルトよりも強調されている点である。

そして大罪を犯す傾向性を苦しみつつ克服した初歩者は、進歩者になるとされる。それでも人間はまだ完成者であるわけではなく、道のりははるかに遠い。その間に「進歩者」も、世俗的な物事の魅力に惹かれて、「心と内面世界」（hertze und indewendikeit）[110]への集中を失う可能性が高いのである。それゆえ神は、人間に対する「不思議な信実と大いなる愛から」（von wunderlicher truwen und grosser minnen）[111]、人間に対して世俗的あり方からの離脱を要求し、人間を「内的には（魂の）最内奥で、外的には多くの不思議な出来事とつらい試練を与えることを通して運び、引いていく[112]」のだ、とタウラーはいう。

タウラーらドミニコ会士は、フランシスコ会士と同様に、教皇から修道女やベギンが異端に陥ることを予防するために説教司牧を委託されていた。タウラーは説教壇という彼の「生活の場」から、霊的生活の進歩者でありながら、世俗的自我を克服できていなかった修道女らに対して、信仰生活を毒する世俗性への執着を断念するように厳しく迫った。もちろんタウラーは、司祭職に就いている聖職者の霊的堕落にも厳しい眼差しを向けていた。その点で、市井の人々が日常の労苦に呻吟しながらも謙虚に霊的生活を送り、信仰的完成の道を探求している点を高く評価している[113]。

さてタウラーは、神による進歩者の試練を叙述するさいには、説教第十一のように、鹿狩りからヒントを得た「狩り」（jagen）[114]という表現を好むが、これは「真理、平和、正義、慰め」（worheit und fride und gerechtikeit und trost）[115]を約束して、神が行うものである。これは人間を「神へと引いて行き、神へと強いる[116]」ものにほかならない。そのさいタウラーは、神は試練に耐えきれぬ人間の弱さをよく知っているため圧力のかけ方にも緩急をつけ、苦しむ人間がかり立ての過程で一息つけるように慰めを与えることも忘れないとして、神による導きの特徴を明確にする。タウラーは、このかり立ては聖霊が担うものとしている。人間は長い年月にわたって持続するこの試練から逃げてはならず、神に謙虚に身をゆだねて耐え続けていかねばならないのであり、タウラーはその「忍耐」の意義を強調する。いつか得られる「（魂の）本質的平安は、我意の放棄（usgange des eigenen willen）と徳の修練[117]」を前提とするものだからである。

ところで〈進歩者〉の罪の中でもタウラーがとりわけ重視するのは、二つの霊的な堕落傾向であり、「律法学者」と「パリサイ人」に擬人化される律法主義、パリサイ主義である。この前者について、タウラーは説教第九

「イエスは出て行き、ツロとシドンの地方に行かれた」（Jhesus ging us in die ende der lande Tyri und Sidonis.）でこう述べる。

律法学者とは、どんな事柄も理性的に（in ir vernúnftige wise）または知的に（in ire sinnelicheit）理解する理性的人間（die vernúnftigen）だといえる。彼らは五感を通して現象を取り入れ、理性（vernunft）の内に引き入れて気高い知識を得る。そしてその知識から栄誉を受けて気高く語るのである。だがほんらい真理が湧き出てくるはずの（魂の）グルントは、空虚で荒れたまま（itel und wueste）である。[118]

タウラーは人間を見るとき、三層の人間観を考えている。それは「外的で家畜的で感覚的なひと（der uswendig vihelich sinneliche mensche）、理性的な諸能力を有する理性的なひと（der vernúnftige mensche mit sinen vernúnftigen kreften）、魂の最高の部分であるゲミュエテ（das gemuete, das oberste teil der selen）[119]」である。これらは感性的能力および知性的能力、さらに諸能力の発出の淵源にして諸能力を超越する魂の最内奥のグルント（またはゲミュエテ）の比喩である。このうち第二の知的能力は、タウラーでも、本来は神との合一に向けて「下位の全能力（alle die niedersten）を整え（berichten）、正し（corrigieren）、強いる（betwingen）[120]」重要な役割を担うものであり、気高い能力である。しかし神秘家司牧者タウラーの目からすれば、この能力は往々にして毒化する自我の影響を受けており、知的高慢の根源となっていた。中世のスコラ神学では最高の魂の能力である知性も、とりわけ聖職者らの現実の生き方を見た場合には、堕落した嘆かわしい状態にあったのである。

さらに後者の「パリサイ人」についてはこういわれる。

パリサイ人とは、自分が善き人間だと思い込んでいる霊的人間であり、威張り、自分流の計算とやり方で（in iren ufsetzen und wisen）生きており、どんな場合にも自分のやり方を変えず、そうして良い評価を受け尊敬されることを願っている。彼らの（魂の）グルント全体は、彼らの仕方で行わないすべての人間を激しく裁くものに（vol urteils）なっている[121]。

タウラーはパリサイ主義については、「神を目的（ende）にも原因（ursprung）にもしない誤った信心[122]」であると考える。彼らは「自己愛と我意に満ちており（vol eigener minnen und eigens willen）、自分だけしか求めておらず［…］神と被造物に関しても自分のことしか求めていない[123]」人間である。この傾向性についてもタウラーはくり返し言及し、偽善と欺瞞を徹底的に暴いている。

これら律法主義とパリサイ主義は、信仰者が不完全性ゆえに陥りやすい堕落的傾向性であって、タウラーは誰しもそれに対してつねに注意を怠らないようにと強調する。しかしこれについても彼は、特に霊的生活の進歩者である聖職者の場合には、厳しい批判を緩めることがない。そしてこの律法主義とパリサイ主義の克服のためには、人間の存在が無である事実を徹底的に自覚して、神に身をゆだねる謙遜の徳こそが必要なのである。人間は「神に完全に主導権を引き渡し、何としても（内面の）場を占めてもらう（die stat besessen）必要がある[124]」のである。

このようにタウラーは、神との合一に至る魂の道程を、人間存在が畢竟するに無であるという徹底した自覚、さらに聖霊のかり立てに従っての五感と知性的能力の浄化、諸徳の実践という展開で説明していく。しかし道程の終局は、魂のグルントの徹底的な浄化を通して、神との合一が実現する場を回復するということでなければならない。彼はいう。

神のグルント、神の最内奥（innigoste）に達するには、［…］（人間は自己の）最内奥（innigoste）であるグルントに達しなければならない。[125]

このことは、第三層のひとたる魂の最内奥であるグルント／ゲミュエテにまで滲み込んでいく自我のはたらきを根絶して、もとの純粋性を取り戻し、そこに神が置いた高貴な三位一体像を反映させることを意味する。

タウラーはそのはじめとして、グルント／ゲミュエテに沈潜し、自我と被造物に汚染された現実を認識するよう呼びかける。魂の最内奥の凝視はタウラーの一貫した要請であり、彼は通例これを「グルントを認識する」（des grundes warnemen）[126]と表現する。その他数は多くはないが、類似表現として、「グルントの内を覗く」（in den grunt gesehen）[127]、「グルントに気づく」（den grunt merken）[128]、「グルントにとどまる」（bi dem grunde bibliben）[129]などを用いている。

そしてこの認識によって得られた結果は、たいていの場合は否定的なものである。彼は例えば、説教第六〇b＝第一八においてこう述べる。

（真の神の愛が湧き出てくるはずのあなたがたの）グルントには、高慢、我意、頑なさ、（他人への）厳しい裁き、隣人に対する無情な言葉や態度や非難しかない[130]。神が内に喜んで住まわれるべき高貴な量り（＝ゲミュエテ、グルント）は、純粋さと清浄さをひどく失い、腐敗した汚物に満ちているため、神が入ることはできない。あなたのゲミュエテは神自身の場であるはずであるのに、悪臭を放つものや世俗的な腐敗した泥と汚物に満たされている[131]。

つまり、人間の魂のグルントにはあらゆる悪の源である自我が根を張っており、その場は自我が執着を通して取り込んだ被造物の歪んだ形像であふれ返り、害毒が滲み込んでいるのである。タウラーはこの状態にある魂の最内奥の場を、「かもじ草」（zecke）[132]が一面に生え出た野と比喩化することを好むが、この場のネガティヴな状態を、次のような形容詞によって表現している（くり返しの箇所は表示しない）。

「害のある（schedelich）グルント[133]」、「虚偽の（valsch）グルント[134]」、「（被造物に）占領された（besessen）グルント[135]」、「石の（steinin）グルント[136]」、「悪い（boese）グルント[137]」、「枯死した（dürre）グルント[138]」、「（被造物と自我に）死んでいない（ungestorben）グルント[139]」、「家畜的な（vihelich）グルント[140]」など。

これに対して、我意のはたらきに左右されず、被造物への執着に汚染されていない魂の最内奥は、次のような形容詞を付けて呼ばれている（くり返しの箇所は表示しない）。

「高貴な（edel）グルント[141]」、「露わな（blos）グルント[142]」、「愛すべき（minnenclich）グルント[143]」、「直(じか)の

（unvermittelt）グルント」[144]、「喜ばしき（wunnenclich）グルント」[145]、「隠れた（verborgen）グルント」[146]、「深き（tief）グルント」[147]、「真実の（wor）グルント」[148]、「煩わされぬ（unbekumbert）グルント」[149]、「生きた（lebend）グルント」[150]、「完全な（nehst）グルント」[151]、「浄き（luter）グルント」[152]、「正しき（recht）グルント」[153]、「単一な（einveltig）グルント」[154]、「像化されぬ（unverbildet）グルント」[155]、「安定した（sicher）グルント」[156]、「空で荒涼とした（ital, wuest）グルント」[157]、「親しき（innig）グルント」[158]、「還帰した（zuo gekert）グルント」[159]、「無限の（grundelos）グルント」[160]、「善き（guot）グルント」[161]。

そしてこの由々しき現実認識が、説教を聞く聴衆の自発的な努力の出発点となる。一言でいえば、「立ち上がって（ufston）照らされ（erlúhten）」[162]、「グルントを整える（grunt bereiten）」[163]ということである。タウラーはここに人間の能動的で積極的な活動を求める。もちろん、それは人間の力では絶対に不可能なものであり、神の助力すなわち聖霊のはたらきに身をゆだねてはじめて成立するものでなければならない。神はグルントを「所有する」（besitzen）[164]ことを望み、グルントを「照らし」（erlúhten）[165]、これに「触れて」（berueren）[166]、「はたらきを及ぼす」（gewúrcken）[167]のである。

人間はグルントを「神に整えてもらう」（sich Gotte bereiten lossen）[168]ために、堕落状況から起き上がって主体的に修練を始めなければならないが、それをタウラーは「グルントを探す」（den grunt suochen）[169]、「グルントに来る」（in den grunt kommen）[170]、「グルントに還る」（in den grunt keren）[171]、「グルントに入る」（in den grunt gan）[172]、「グルントへと滑り落ちる」（in den grunt entsincken）[173]、「グルントへと沈み込む」（in den grunt sincken）[174]、「グルントを差し出す」（den grunt erbieten）[175]、「グルントへと突入する」（in den grunt durbruch tuon）[176]と語る。これらはい

ずれも、愛する神に謙虚に身をゆだねきって行われることであって、それによって「グルントは新鮮にされ、新たにされる」（der grunt werde erfrischet und ernuwet）必要があるのである。[177]

くり返すが、タウラーにおいては、神による「狩り」と「圧迫」という、人間が遭遇するあらゆる不幸――これには説教第四五が示すように、たんに個人にふりかかる境遇上の問題のみならず、中世の不衛生な生活状況なども含まれる――から生じるすべての苦難を、キリストの苦難に合わせて忍耐する中で、実現するべき事柄でなければならない。

タウラーはいう。

主の友（frünt）であろうとする者は、襲い来る苦しみが正当なものであろうと不当なものであろうと、耐え忍ばねばならない。その忍耐により主に似ることができ、主自身が歩んだのと同じ道を主に従って歩むことができることで、主の栄光と至福にふさわしくなれることを喜ぶことができる。[178]

タウラーは実際に進歩者であるはずの修道女、ベギン、神の友の聴衆に対して、キリストの受難の精神を心に深く刻んでつねに自らの生活の場を生きるようにと生涯弛まず説いたが、そのことははたしてイエス・キリストの浄福の生にならって自らの魂を浄め行くように、という要求に外ならなかった。それは文字通り、人間存在の本来的あり方である無と一つになって、魂のグルントに置かれた高貴そのものを顕現させることであった。なぜなら、「まことの自己放棄（wore gelossenheit）の道を通らなければ、高貴な生命を見出し、悟ることはできない」[179]からである。

ところでここで、魂の最内奥における神との合一とは、タウラーにおいては、そもそも神自身に淵源を有し、神に促されて人間が求めるものであることを、述べておかねばならない。この人間の、あるいは魂の切願は、本来的には、神が神を受けるもの、すなわち聖霊が聖霊を受ける行為として展開するものなのである。[180] この聖霊とは、キリストの人性に執着して神性に至りえない弟子たちに対して、キリストが天に去ることを契機として送られた第三のペルソナたる神であった。タウラーは神と魂との合一を実現せんとする聖霊のはたらきを、きわめて重視している。

人間は四十歳で自若し、天的で神的な者となり、自然的感受をある程度克服するようになるが、(成熟するためには)なお十年待たなければならない。そして五十歳を迎えると、聖霊は彼に最も尊く最も気高く与えられる。聖霊はその十年間で人間にすべての真理を教えられるが、人間はその間に神聖な生活に入って、自然本性による感受を克服する。そして人間はその十年間で還帰し、沈潜し、溶解して、純粋で神聖で単一な内的善と一つになる(eine inker und ein insincken, ein insmeltzen in daz luter goetliche einveltige indewendige guot haben)べきである。その善において、高貴な内的な小火花(daz edele indewendige fünkelin)は、自らが流出した源泉へと、類似するものとして還流していく。[181]

(ウ)「神との神秘的合一」

タウラーもエックハルトや他の神秘家と同様、神との合一を霊的修練の高次の段階に位置づけ、その実現に深い関心を示した。もっとも先述したように、タウラーの場合は、合一の完成は彼岸の事柄であるとする現実的な目をもっており、それゆえこの世では「前味」を得るにすぎない。ただし前味であるとはいえ、それにはすでに死後の神との合一の確実さがほのめかされている。「天国で享受することになる喜びの、真実の前味（fürsmak）」[182]だからである。人間にはこの前味をひんぱんに、いっそう確かなものとして体験できるように、日常生活での修徳的な歩みが求められる。それが彼の説いてやまないキリスト信従であった。それゆえ彼の霊的司牧は、説教の主な聴衆である修道女やベギン、神の友の共同体参加者の現実、すなわち「生活の座」をよく理解して工夫した、彼らに相応したものであった。

この点、エックハルトは少しく立場を異にする。この希有の神秘家哲学者は自らが到達した霊性的境地を基本的に離れることなく、高所から神との神秘的合一についての思索内容を開陳し、合一のダイナミズムを説教で論理的に説明しようとした。したがってエックハルトには、タウラーのように聴衆に寄り添いつつ段階的な教育を施すというような教師あるいは司牧者の観点が濃厚であるとはいえない。タウラーは、神との合一がある日突然に、全能の神の意志で無条件に実現させられる天啓的なものと考えてはいない。あるいはそれに類する出来事も知ってはいたかも知れないが、タウラーにとってこの事態は、何よりも四十年、五十年と長い年月にわたって自己を無とする修練を重ね、五感と知性を制御し、魂のグルントを浄化していく真摯な努力の結果として、実現するものであった。

タウラーはこの神秘的合一という事態を、多くの場合には、論理的に説明するというよりも、さまざまな日常的な比喩を導入して、その中で具体的形象を用いて解説している。それは例えば、ブドウの実が太陽の熱を持続的に受けて甘みを増し、透明になるまで表皮を薄くして熟成する過程[183]、ブドウ酒の中に一滴の水が落ちて消えるさまに喩えられる[184]。また人間が山や森に水源を求め、泉から水を飲んで心から満足を得るさま[185]、炎が木を燃やす中で湿気や緑色や粗さを奪って木と一つになるさま、[186] ペトロの舟が網ごと湖底に沈んでいくさま、[187] 一滴の水が深い海の中に消えるさま、[188] 母の胎に宿る子どもが人間になっていく過程、[189] など、において示されている。

さて、この合一の過程を示す具体的比喩においてタウラーが強調するのは、神の主導的役割である。神の先行的はたらきを根拠として合一は実現するのである。タウラーは説教第二八でいう。

全天使も諸聖人もこの（合一に向けての）転回（ker）を与えることはできず、天地のいかなる存在者もこれを与えることはできない。いかなる尺度をも凌駕する神の深淵（abgrunt）以外には不可能である。[190]

タウラーにおいては、神との合一は前提として魂の神への「転回」を必要とするが、それは神の促しによってはじめて生起することでなければならない。神に向かう人間の側の自発的な努力さえも、実は内面での神のはたらきを拒みがたい衝迫として受けて生じるものである（ところが往々にして、人間はそれを明確に自覚することなく合一への道を歩む）。したがって極言すれば、神との合一の事態は、全体が神自身のはたらきによって演出されるものと理解することができるかもしれない。

またこの引用では、転回を与えるものが神ではなく「神の深淵」とされている。この「深淵」もタウラーでは特別な意味を有しているといわなければならない。

例えば、彼は説教第四一でこう述べている。

ここで詩編の預言者が語った言葉が成就される。「abyssus abyssum invocat. すなわち深淵は深淵を迎え入れる」。創られた（geschaffen）深淵は創られない（ungeschaffen）深淵を自らの内に招き入れ、二つの深淵（zwei abgründe）は唯一の一（ein einig ein）となり、純粋な神的本性となる。霊は神の霊の中に自己を失ってしまったからである。そうして底無しの海で溺れてしまう[191]。

タウラーが神秘的合一を説明する場合には、この詩編四二章八節の「あなたの注ぐ激流のとどろきにこたえて、深淵は深淵に呼ばわり、砕け散るあなたの波はわたしを越えて行く。」（abyssus abyssum vocat in voce cataractarum tuarum / omnia excelsa tua et fluctus tui super me transierunt.）[192]を引用することが多く、これが特徴的となっている。おそらくこの章句からの着想であろうが、彼はこの「創られない深淵」つまり非創造の深淵から、「深淵」の語を用いて神の究極を表すことが多い。例えば、合一に関してはこう述べている。「霊は自らが知らない神の深淵の中で溶けてしまう[193]」、「聡明と上知（verstentnisse und smackende wisheit）は人間を正しく完全にグルントに導き、人間的な仕方を超えて神の深淵に至らせる[194]」、「霊は自らの能力を突破して神の深淵に入る[195]」、「人間を完全に内に引き込み、自己へと変容させる（神である聖体の）超本性的な（überwesenlich）深淵[196]」、「人間はここまで創造されると、ある深淵に入る[197]」、「真にへりくだった者は、内なる神の深淵に沈む[198]」、「霊はすべての支えを失い、神の深淵に身を沈め、ここで溺れて自己を失い、自分自身のことがわからなくなる[199]」、「あなたがすべての仕方と像と形式を超越した、知られず（unbekannt）名づけられぬ（ungenant）深淵に［…］沈むなら[200]」、「霊は捉えられて始原（begin）の深淵に引き込まれる[201]」、「この（人間の）深淵に対応するのは神の深淵だけである[202]」、「あなたは神の深淵の秘所（verborgenheit）に入れ[203]」、「人間が［…］創造以前に（in der ungeschaffeneit）永遠に（eweklich）とどまっていた神の深淵へと揺れながら向かうと[204]」など、である。このようにタウラーの神秘主義では、合一において魂に相対するのは神ではなく、「（神の）深淵」なのである。そしてこの深淵はまさに、エックハルトが無形の神を呼びあらわした「神性」（gotheit）に相当する、三位一体の神の脱自の次元であると考えることができる。人間の場合はここでは「創られた深淵」とされているが、タウラーは魂に「深淵」を当てるのはまれで、むしろ単純に霊であるとか、グルント、ゲミュエテという、魂の諸能力を超越する極所の次元である場合が多い。そしてグルントが（神の）深淵と合一するさいには、前者が後者へと「沈み込む」という状態の変化を示すイメージを強く喚起するものとなっている。

（エ）「合一における存在論的差異」

タウラーはこうして、エックハルトが有形の神の脱自体とする「神性」（gotheit）に相当する神の「深淵」こそが、魂に「転回」を与えて自らに引き寄せるのだと考える。しかしさらに、この世で魂に与えられる幸いな事態である合一そのものが起こる場すらも、「深淵」であるとする。彼はこう述べる。

被創造の（geschaffen）深淵が（神の深淵を）自らの内に招き入れるのは、自己の深さ（tiefe）ゆえである。自己の深さと自己の無の認識（bekant nicht）は、非創造の（ungeschaffen）開かれた深淵を自らの内に引き入れ、そのとき一方の深淵は他の深淵に流れ込み、両者は唯一の一となり、一方の無はもう一方の無と合一する（wirt do ein einig ein, ein nicht in das ander nicht）(205)。聡明と上知の賜物は人間を正しく完全にグルントに導き、人間的仕方を超えて神の深淵に至らせる。[…]（人間の）霊はこの深淵に深く沈んで自己を失うが、そこは全く底無しの次元であるために、霊は自己自身のことがわからなくなる。[…]そこにあるのはすべて、純粋で露わな単一の神、言いあらわせない深淵、一つの本性、一つの霊(ein luter blos einvaltig Got, ein unsprechenliches abgrunde, ein wesen, ein geist)だからである。[206]

タウラーはここで、グルントあるいはゲミュエテである被創造の「深淵」が合一において体験するものは、もはや対象化されえない神と自己であるとする。すでに神と人間の二元的区別が乗り越えられた「一」そのものとしか形容できぬ体験のさなかにある。しかしタウラーにおいては、その体験も本来的には神と自己との存在論的な区別を揚棄するものではありえない。ここには体験としての「一」と存在上の区別としての厳たる「二」が次元を異にして存在する。エックハルトでは、「一」における神と魂の存在論的な差異は必ずしも明確には表明されない。もちろん明確でないということは、差異を認めないということではないことは念頭に置いておかねばならない。この点で、タウラーは意識的に区別を表現しようとした。これはもちろん汎神論的誤解の危険を事実上回避する方策とはなったが、両者の区別が熟練の説教家タウラーの確信であったというべきであろう。タウラーでは神と魂の存在上の区別は議論の余地のない、絶対の心霊上の事実であった。神は永遠の実体であり、人間は無を本性とする被造物にすぎない。ただしこの人間は、神が愛の充溢ゆえに御子の生命を賭してでも救おうとした存在であり、本来的に無ではあるが神にとっては限りなく尊い高貴な存在であったのである。

またタウラーは他にも、例えば説教第二九=六〇dなどでは、この神と魂の存在論上の区別を「類似」(glich)と「非類似」(unglich)という相反する概念を用いて、別様の仕方で説明している。

ルチフェルは神と類似（glich）の者であろうとして（神と）自らの非類似（unglich）を認めなかった。そのために（神とは）言いえないほど非類似となり、（神との）すべての類似を喪失し、それを永遠に取り戻せなくなった。だが愛すべき気高い天使らは、反対に自らの非類似を受け入れて、（神との）言いえないほどの類似（gelicheit）に沈んだ。ああ、変容した霊が（神を）愛して（神と）の非類似を認めて（グルントに）沈み、自らの非類似を悟って溶けてしまうと、根底からはどれほどの言いえない実りが生じることであろうか。こうして霊は自己の能力を突破して、神の深淵に入るのである。［…］人間ができるだけの準備をして、もう先に進めなくなり、最高の状態に至ると、神の深淵は現れて、霊の内に火花を散らす（funken stieben in den geist）のである。すると変容させられて浄化された霊は［…］神の御旨との合致に導かれる。［…］浄化されて変容した霊（der geluterte verklerte geist）は、この深淵の中で神の闇へと、静かな沈黙へと、はかり知れず言いえない合一へと沈んで行く。そして沈むことで人間は類似と非類似の一切を失い、またこの深淵において霊は自己自身を失い、神も、自己も、類似も、非類似も、何もかもを知らなくなる。それは、人間の霊が神との合一の内に沈み込み、いかなる区別（underscheide）も失ってしまったからである。(207)

ここでの「非類似」の自覚は、人間も天使も含む――悪魔はほんらい最高の階級の天使であった――被造物自身が自らの本来の分を洞察したさいの謙遜から生まれるものであり、前提となるのは神との存在論上の区別なのである。そしてこの存在論的次元での差異すなわち「非類似」において、「類似」そして合一が可能となるわけである。タウラーはこのように非類似と類似の逆説を、神と人間の本来の関係構造を表すものとしてきわめて重要視し、前面に押し出している。

このようにタウラーでは神秘的合一の体験は、あくまでも神の在す高みへと昇りつめて実現することではない。反対に、人間が自己の個別的生の現実において、自己の罪深さとそれが起因する存在上の無を徹底的に受け入れ、神の摂理が無限の愛から生じると信じ、我意を放棄して、神に謙虚に身をゆだねることによって、つまり自己を否定しきることで生起するものであったのである。またこの「類似」が「一」ではないことも重要である。ここにも、神と魂の存在上の差異はどこまでも乗り越えられないことが示されている。

（オ）「合一とその後」

タウラーが説教で言及する神秘的合一とは、神が霊的修練を積み重ねた人間に天国の「前味」として与える、この世での報酬であった。しかしこの合一体験はあくまでも一時的な恵みであって、それが過ぎれば再び日常のあり方に突き返されるのである。この世にあるかぎり、これがくり返されるのが現実である。それではタウラーは、そのとき人間に何を求めているのであろうか。端的にいえば、キリスト信従に基づいて心身両面でさらに徹底した徳の修練に励むこと、すなわち自己自身の全体的浄化である。

タウラーはいう。

（そのときには）人間は深くへりくだって、神の御旨のもとに身を横たえるべきである。神はそのときこれまで以上の大きな離脱を求める。さらなる純粋さ、露わな心、被造物と関わらぬ自由、一致、内的沈黙、外的沈黙、より深い謙遜、最低の諸能力内のすべての徳が必要である。(208)

この修練の積み重ねは、いっそう純粋な霊的段階を約束することになる。つまり合一体験はより深められたものとして頻度を増して実現することになり、同時にこの厭うべき苦難の現世も、徐々に神の栄光と恵みを湛えるものとして立ち現れてくることになるのである。

しかしタウラーは、人間がこの世で神秘的合一を体験しても、「この偉大な体験を離れて自分の独善に（in eigner annemlicheit）陥るのなら、ルチフェルのごとく転落することになる」[209]という。深い霊的体験を恵まれながらも、その中で自己を聖化に向けて浄める努力を怠るならば、きわめて深刻な事態を招くことになる。それが完成に近づいた人間に起こりくる最大かつ最高の試練なのである。

タウラーは三十八歳の一三三八年から四年間、バーゼルのドミニコ会修道院に移り住み、そこで「神の友」運動の参加者を司牧した。またシュトラースブルクへの帰還後にもルールマン・メルスヴィンとともに「神の友」の共同体を養成しており、おそらくこの両地で、神との合一をくり返し体験している複数の信徒と出会ったと思われる。タウラーはその人々を、信仰的完成に近い模範的な人間と見て、説教の中で理想的な信仰の進歩者として登場させたと考えられる。

その人間の特徴は次のように描かれている。

彼らは「かつて大変な罪びとであった」[210]徴税人のマタイのように、深刻な罪を犯していた。しかし「泣きつくして罪を償ったために、もう二度と泣く必要はない。そうであるのに、彼らは隣人の罪と欠陥のために激しく泣いている。[…]この世で罪を犯している人々の盲目と惨めさのために泣く。神が裁きと怒りをわたしたち罪びとに示そうとされると、彼らは夜も昼も泣いて、主からこれを取り除いてもらおうとする。[…]真の神の友は実に憐れみ深く、罪びとと苦しむ人間にとっては、愛を持たない人々よりも親しい存在である」[211]。タウラーは一般の信徒の救いは、この神の友のとり成しによって可能となると述べ[212]、罪深いこの世が今日まで存続できているのは、イエス・キリストの贖いの受難と並んで、「神の友」という偉大な贖罪者である、神に完全に身をゆだねた同胞キリスト者の存在があったがゆえだとする[213]。

この神の友は、ある意味で自由心霊派セクトの人々とは対照的である。虚偽の人間は「何でも自分自身と関わらせ、恵みを奪い取って我がものとし、それらを清い心で神に捧げ返すことがない。神を愛し神に感謝して、自分を否定し、神の内で真に純粋に高みに捧げることがない。神の友はこれを最も多く行う[214]」のである。彼らは「真に自分自身を否定し、純粋かつ徹底的に神だけを目指し、愛するだけで、何においても自分を求めることがない。神の誉れと栄光のみを願い、どこからそして誰から来るものであっても、直接神から求める。[…]（神から）媒介なしに流出し（神へと）還流するように[215]」。

彼らは教会の教義に忠実であり、謙虚で目立たず、大層な言葉も口にせず、自分勝手な信仰上の判断もしない。彼らは「外見は目立たず、生き方はひどく質素であるが［…］すべてを神にゆだねて神に留まろうとしている[216]」。タウラーによれば、彼らは真理を求める人々を聖霊の助力によって導く師である存在なのである[217]。

第四節　タウラーにおけるグルント概念の新たな観点

（1）　エックハルトのグルント概念とタウラー

エックハルトのドイツ語説教に含まれるグルントを丹念に読み解くと、以下のことが明確になる。エックハルトにおいてはグルントという表現は神と魂の両方に適用され、それぞれの脱自の次元を指示しているということである。グルントは神では三位一体の露わな本性ともいうべき不可視の神性（gotheit）そのものを意味し、魂の場合は、魂の諸能力の発出源でありながら、それらの能力とは次元を異にする「最内奥」（das innerste）と表現されている。エックハルトにおいても、彼が神秘家と呼ばれる以上は、ウニオ・ミスティカ（unio mystica）は人間の最高の浄福の事態を意味するといえる。ただしそのウニオは、神（聖霊）からのはたらきを受けて魂が浄化され、最終的に自己を喪って神へと溶け込むという通例の神秘主義の仕方よりも、さらに深く分析されている。その中でエックハルトは、ウニオ自体における魂自身の能動的契機を強調している。

わたし（エックハルト）は、魂の内のある一つの力（eine kraft）について語った。その力は、最初の発動においても、善であるかぎりの神はつかまない。真理であるかぎりの神もつかまない。その力は神のグルントへと突き進み、さらに究め進み、神をその一性（einunge）において、その荒野（einœde）においてつかむ。神をその砂漠（wüestunge）において、神自身の固有なグルントにおいてつかむ。[218]

神はまず魂に強く力を及ぼし、魂に魂自身の被造性を突破させ、魂自身の根源的あり方を露わにする。ここまでは他の神秘家も共通して述べていることである。しかし神によって被造性を奪われた魂は、魂の露わな本性となって自らの本源的能力を発揮するようになり、自己に対峙する神の、善とか真理とかの属性である象徴的衣装を剥ぎ取り、神の自体である神性を顕わすわけである。つまり、神の先行的なはたらきを前提として、神と魂が否定し合うことで生まれる露わな本性同士が「一」であるという根源的次元が顕現するのである。この（「神の誕生と魂の相互突破」によって生起する）ウニオの場ならぬ場をエックハルトはグルント（grunt）と表現した。[219]

このように、エックハルトは神と人間の魂の両者にグルントという同一の象徴的名辞を与えた。その点では、神と魂の脱自的様態そのものを示す彼のグルントには、創造主と被造物という本質的な存在論上の区別が曖昧にされているのではないかという疑問が残る。もちろんそこに安易にエックハルトの汎神論的認識を予想するべきではなく、むしろそのように表現した、あるいは表現せざるをえなかった彼の根拠、すなわち体験の「性格そのもの」を求めるべきであろう。彼が体験した神と魂の二元論の彼方の「一の一たる一」(ein einig ein) の事態そのものを、エックハルトは本来のウニオとして提示したのである。エックハルトはいう。

父がその単純なる本性のうちに本性に従って御子を生むことが真理であるように、父は御子を霊の最内奥に (in des geistes innigestez) 生む。これが内的世界であり、ここにおいて神のグルントはわたしのグルントであり、わたしのグルントは神のグルントである。ここで神は自身の固有性から生きるように、わたしもわたし自身の固有性から (uzer minem eigen) 生きる。[…] この最内奥のグルントから、お前はすべての業をなぜと問うことなく (sunder warumbe) 行わねばならない。(220)

この引用は、「一」の事態を徹底的に見つめたこの偉大なる神秘家のぎりぎりの簡潔な表現であるが、ここでは神と魂が霊的本性において不可分的である面が強調されている。もちろんエックハルトのいう「一」を十分に受け入れながらも、神と魂の存在論上の区別 (distinctio) を重視する観点から、神と魂の二元性をふまえて神――聖霊――がウニオに向けて魂の最内奥であるグルントを整える (den grunt bereiten) という、神の能動性、魂の受動性の側面を強調した神秘的合一を語り続けた説教家もいた。彼の目には、エックハルトを汎神論的に誤解して正統信仰を外れ、イエス・キリストの十字架と復活による救いを失ってしまう危険な人々が映っていた。そのため正統信仰の枠内での神秘主義的司牧に専念し、具体的に時間をかけて内面を見つめ、諸徳の修練に励むことで魂の浄化を試みる教導を行った。それが、エックハルトの神秘主義の後継者の一人であるヨハネス・タウラーであった。

エックハルトでは、グルントは「一」の事態が実現する、神と魂の両者の脱自的様態を表現している。しかし上記の引用に示されているように、エックハルトは小火花（vünkelîn）や梢（tolden）など他の比喩的表現と並んで、グルントをまた魂の最内奥の場を示す表現ともしている。そしてこの魂のグルントをめぐる思索を展開している。この魂のグルントについては、この魂の極所は畢竟するところ、エックハルトにも被造物として理解されていると判断されるが、彼は「この魂のグルントには純粋に露わな神性のほかは到達できず、天使にもできない。［…］神すらも神に付け加えられたすべてが取り去られないかぎりは、魂のグルントに入ることはできない[221]」とか、グルントを「時間にも肉体にも触れることのないある一つの力である[222]」と述べて、「最も高貴である[223]」と評価する「知性的なもの」（vernünfticheit）[224]である魂のグルントの位置づけを行っている。このグルントは意志や理性などとは次元を異にする「能力の根[225]」であり、魂は合一の前提としてそれらを徳の修練によって純化し、一つにまとめ、再びグルントに来なければならないものである[226]。魂の最内奥のグルントに来るのは全き謙遜によって初めて可能になり、そうなると「神の力が魂に完全に自己を注ぐことになる。［…］そうして魂は上り、神的能力によって引き上げられる[227]」ことになる。ここで神の本性的な行為である「魂のグルント（grunt）で［…］独り子を生み［…］魂と一つになる[228]」という合一の事態が生じるのである。エックハルトにおいて、魂のグルントでの神との合一は以上のように描くことができる。

エックハルトはドミニコ会の説教家として、霊的進歩者である修道女らの司牧に従事した。とすれば、その目標は「一」の実現と、合一の体験から日常の修道生活の見直し、生き直しであったといえる。説教の聴衆または説教集の読者を合一の体験に導くには、エックハルトにおいても、人間が神のはたらきを受けて魂を「浄化する」という霊性上のプロセスが必要となっている。ただエックハルトに特徴的なことは、彼がこのプロセスを教導するさいには、聞き手の魂の状態をつねに洞察しようとする司牧手法をとらず、むしろすでに完成に達した霊性家の立ち位置で、「一」の体験の生起の事態についての教示や説明に主たる関心を示している点である。エックハルトは聴衆がいなくても彼方の賽銭箱に向かって語ろうと思うと述べたが[229]、まさにその言葉に示されるように、彼を真に理解できたのはきわめてわずかの優れた霊性の持ち主であったと想定される。エックハルトは神秘的合一に不可欠な徳として真の謙遜を挙げたが、意味するところは「人間の側の徹底した自己否定」にほかならない。まさしくこの徳こそが、魂が自己の被造性を突破し、自らの極限であるグルントに至り、「一」の次元であるグルントへと脱自的に突破することを可能とさせるものであった。神との合一に達した人間は、今度はさらに「一」の体験さえ捨て去るという徹底した執着の否定に立ち、日常の生活に戻って淡々と生きることになる。エックハルトはマルタの生にその内実を語らせた。エックハルトの謙遜はしかしながら実践指導を伴わないで提示されたものであり、あくまでも「一」の体験の論理的解明の面が強いものであった。

タウラーはこのエックハルトの霊性概念、主として魂側のグルント概念を継承しながらも、独自の視点を失わずに展開し、それを自らの神秘思想の中心にすえて司牧説教を展開していった。それでは次に、タウラーのグルントの特徴を検討してみよう。

(2) タウラーのグルント概念の心理学的特徴——被造性と堕落の危険

先に見たように、エックハルトのグルントは神と(人間の)魂の最内奥を示し、同時にそのグルントはウニオの生起する次元であったが、タウラーの場合はエックハルトのグルントをもっぱら魂の極所を表す概念として受け継いだ。そしてエックハルトの哲学的で存在論的な特性を、聴衆の魂をウニオに向けて具体的に準備するという司牧実践の観点から、むしろ心理学的に深めた究極概念として使用している(それゆえに「ゲミュエテ」という呼び名を与えているのだろうと判断される)。タウラーは思弁よりも具体的な修徳的実践を重んじ、その神秘思想は聴衆を、徹底したキリスト信従を根底とする、人間の徹底的な自己否定を通して聖霊による長期にわたる浄化のプロセスをへて教導するものである。彼は説教でさまざまな比喩や象徴の世界を展開するが、教えの内容としては、神の愛に促され、神を信じて自己を神にゆだねて長い期間の試練を耐えて自己を浄化して行くことの必要性が終始一貫して語られており、その点では、知的で大胆なエックハルト思想の哲学的高邁さと比較すると、受苦の修徳的実践が前面に出ており魅力の乏しいものとも映る。ただしここには、それぞれの神秘主義的アプローチのちがいが現れているというべきである。また実際に、当時のドミニコ会士やフランシスコ会士らが教皇から託されていた女性修道者の司牧と異端からの保護という使命を考えれば、エックハルトよりもタウラーの教導の方が効果を上げていたといえるであろう。

タウラーはエックハルトとは違って、グルントをほとんど人間の魂の最内奥の「場なき場」(「場」という形象 bilt を超越したという意味での)の表現として用いたが、神の究極に対しては深淵を意味する「アプグルンデ」(abgrunde)を当てて、両者の間の〈創造主—被造物〉の存在論的な区別を明確にし、汎神論的誤解を回避した。これによってタウラーのグルントは人間学的なものとなり、さらに心理学的性格を獲得することになって、彼の神秘主義的な実践司牧の中心概念となった。タウラーにとってもグルントは、エックハルトにおける魂の極所の表現の場合と同様に、魂の諸能力が発出する根源でありながら諸能力とは次元を異にする領域である。タウラーはグルントを「諸能力の根」[230]と述べ、さらにそれは「聖なる三位一体の高貴な像が隠れている」[231]「霊の秘所」(das verborgen des geistes)[232]、「そこにのみ神の国が存在する、諸能力のすべてのはたらきを超越した場」[233]であり、そこでは「聖霊が住んで業を行い」[234]、「神はそこにおいて魂を本質的（wesentlich）、作用的（würklich）、本性的（isteklich）に有する」[235]と理解している。したがって、このグルントにおいて魂の諸能力が神の照らしを受けて完全に純化しているなら、言い換えれば、人間が謙遜の徳を徹底的に修練して本性としての無そのものになりきっているなら、このグルントという「場なき場」において、人間は神という「源」（ursprung）[236]である「神の深淵」(abgrunde)[237]に引かれ、そこで溶解するのである。タウラーはその状況を、水の一滴がブドウ酒の樽の中に落ちて自己を失い一つになるというような、種々の喩えで表現している。[238]

そのさい注目すべきは、グルントが落ちて一つになる対象を一方では端的に「源泉」とか「深淵」とか呼びながら、他方では「神の御旨」（Gottes willen）[239]というように「御旨」を介在させることにより、神への直接的な流入という考えを緩和していると読めることである。ここにも汎神論的な誤解を回避する彼の工夫を見て取ることができるであろう。タウラーはグルントの被造性を明確に唱え、神との存在論的差異を定義づけ、汎神論と疑われる危険を意識的に遠ざけていると判断できる。たとえ「神の国は諸能力のすべてのはたらきを超えた（obe allen werken der krefte）内なるグルントにだけある」[240]とか「神の国は人間の最内奥のグルントにあり、ここでは神は魂が魂自身に対するよりもはるかに魂に近く、はるかに内的に在す」[241]と述べたとしても、そこでは神はあくまでも三位一体の形像として在すのであって、三位一体そのものが実体的に存在するわけではない。

もちろんこの存在論的断絶を前提としても、魂の本性的な高貴さは担保されている。なぜなら神は「人間が神の高貴なブドウ園を得るようにと人間の自然本性（nature）を創造した[242]」、すなわち、魂を含む人間の自然本性は神の国に在るべく創造されたのだからである。にもかかわらず、人間本性は現実には堕落しており、原因は不浄の魂の状態そのものにある。タウラーはこの堕落の認識を自らの神秘主義的司牧の出発点にしたのである。その教導はまさしく、この創造された魂の最内奥のグルントを最高度に浄化することで、魂が神の中に完全に溶解して自己を失うウニオを目指すことであった。タウラーではすでに、エックハルトで見たような魂のグルントそのものが本性的に有する「不壊の純粋性」といった、ある意味で楽天的な観念[243]はない。もともと無にすぎぬ被造物の魂が神の深淵の内に呑み込まれることが可能になるには、魂のグルントそのものが主イエスの受苦のありようを自らに引き受ける中で自らの不浄性を克服していなければならないのである。不浄性とは、自己や被造物に病的に執着する自我によって五感や知性本来の純粋なはたらきを歪めていることであり、神から受けた恵みを隣人と分かち合うことなく自分が本性的に有しているものと見なして霊的独善と知的高慢に陥っていることである。タウラーは説教において、再三再四こうしたグルントの堕落状況を指摘した。

タウラーの認識によれば、人間は神との「近さ」（nehe[244]）のリアリティをつねに体験せんと、魂のグルント（grunt）を神のアプグルンデ（深淵、abgrunde）に向けて開放しているべきであるが、どうしても神に対して自己を閉ざす傾向性を有している。それは「自己に屈み戻る」（uf sich selber widerboeigen[245]）といわれる。人間は「過った我欲」（unrechte annemlicheit[246]）で自己を自己存在の最終的な拠り所とし、「被造物への執着に慣れ、意識的に被造物に縛られ」（mit creaturlicheit gewennen und wissenliche verstrickt[247]）ている。つまり被造物に「占拠される」（besessen[248]）ことで、本来の純粋なグルントは神との交わりを失って「偽の」（valsch[249]）、「死んでいない」(ungestorben)[250]、「空虚で荒れた」(ital wuest)[251]、ものとなり、「石のようで」(steinin)[252]、「悪く毒された」(bœse vergiftig)[253]、「家畜的な」(vihelich)[254] ものとなり、「枯渇した」(durre)[255]、「裁きに満ちた」(vol urteils)[256]、「有害な」(schedelich)[257] ものとなる。タウラーはまたそうした堕落したグルントを一面に「悪いかもじ草」(der boese zecke)[258] が根付いたグルントであるとか、「(恩寵の)光が差し込まない鉄の山」(ein isenin berg, do nie kein lieht ingeschein)[259] だと形容する。この〈堕落した〉グルントは自らの場をもはや神の内に保っていない。彼は自らの司牧経験を経てこうした悲観的立場に立っており、全八十一編からなる『V編集本』でもこの認識が示されている。それでもタウラーは使命に忠実な神秘的司牧者として、それを現実の出発点として、聴衆に向けて「神への還帰」を指導していく。最初は人間の能動的行為の強調であった。彼の神秘主義は静寂主義と見なされることがあったが、そうではない。

> 神がこの喜ばしいグルントを照らし、その内ではたらくことができるために、人間は何をすべきか。立ち上がるべきである。[…] 人間は(神と)共にはたらくかぎりつねに光を受ける。人間は神でないすべて、すなわち自己自身と全被造物から立ち上がらねばならない。そしてグルントはこの立ち上がり(ufston)によって(神に)触れられ、グルントの内では烈しい望み(begeruge)が生じて、魂はその望みによって神に類せぬすべてのものを追い出して、その純粋性(inblostekeit)を守ろうとする。そうした束縛を脱すれば脱するほど、望みはますますつのり、自己自身を超出する。そして肉と血と髄とを貫き、しばしば露わなグルントに触れる。[260]

タウラーはこの「立ち上がり」で始めて、その後は（魂の）悪魔的な自己中心性を聖霊の助けを受けて克服して、最終的には浄化されたグルントを神の内に基礎づけるように、聴衆の修道女やベギンを中心とした霊的進歩者を教導していくのである。そのさい彼は、人間がとるべき行動を、「突破する」（durchbrechen）、「突入する」（durchdringen）、「通り抜ける」（durchgan）、「見通す」（durchsehen）、「徹底的に基礎づける」（durchgründen）、「超え出る」（übergan）、「超えて行く」（überkomen）などの動詞で表現している。これらは,durch'や,über'を前綴りとする複合動詞であり、「突き抜ける」、「超越する」という人間の側の主体的行為が強調されている。とはいえもちろんタウラーでは、このウニオの準備は人間が主体ではなく神による行為であり、人間に求められるものはまずもって、神に向けて霊的な堕落状態から「立ち上がり」、神に自己を任せて聖霊による浄化を長年にわたって愛によって耐えるという決意だけである。人間はこうして、自らの日常生活の一つひとつに至るまですべてを神にゆだね、任せるという自己放棄そのものの生き方を身につけ、目に見えず思考できない真の神との合一に向かう霊的純化のプロセスを歩んで行くのである。それは、魂のグルント（grunt）で開示される神の脱自の次元であるアプグルンデ（abgrunde）へと自己を変容させて突入することである。タウラーの場合、そのプロセスには魂の諸能力の浄化がとりわけ強調されているので、これを次に見ていきたい。魂の諸能力は人間の歪んだ我意の影響によって不正常な状態にあり、身につけた生き方の「癖」から解放しなければならない。その上で、魂の本体であるグルントから発した諸能力全体は一つにされて出所へと還帰し、全存在の根源たるアプグルンデへと向かうのである。これは人間存在の浄化、統合を意味しているといえよう。

（３）グルントへの人間全体の統合化

タウラーにおける神の脱自であるアプグルンデとのウニオについては、それが現実のものとなるには、人間全体および意識の全層が神人イエス・キリストとともに神の内に入らねばならないとされる。ウニオは魂の高次の諸能力においてだけ生起するのではないというのが十四世紀の考え方の一つであったが、タウラー自身もこの点を強調しており、人間の魂の内の最低の諸能力も神的なものへと統合されるべきであると考える。なぜなら信徒の模範であるイエスは、「自己のすべての所有を御父に返し、つねに最高の諸能力と最低の諸能力とともに、自己の源泉に真に還帰していた」（der was mit allen sein kreften alle zit uf gekert, den obersten und den nidersten）[261]のであり、そのあり方に従うべきだからである。ところでここでタウラーのいう最高の諸能力、最低の諸能力とは何であるかを押さえておかねばならない。タウラーは説教で、「記憶（gehugnisse）と知性（verstentnisse）と自由意志（frige wille）[262]」を魂のもつ三つの高貴な能力とし、これらの能力において魂は「三位一体の真の似姿」（ein wor bilde der heilgen drivaltikeit）[263]であると述べている。これらの能力によって、人間は「魂は神をとらえて受け入れることができ、神自身と神の所有と神の与えうるものを受け入れることができる[264]」のである。ここでは彼はアウグスティヌスの『三位一体論』における魂の三構造を受け入れている。しかしこれがタウラーのいう最高の諸能力かというと必ずしもそうではない。なぜなら彼は説教ではたいてい最高の諸能力の内容を、理性（vernunft）と意志（wille）と愛（minne）の三項としているからである。またこれに対する最低の諸能力は欲情能力（begerliche kraft）と憤怒能力（zornliche kraft）の二項となっている。そのさい欲情能力については「感覚の対象となる外的事物への執着[265]」の出所であって、人々はこれにより被造物に「愛着し、霊的進歩をひどく妨げられている[266]」という。また憤怒能力はそれ自体気高いものであって、本来は「この世の困難に打ち勝つよりも、神に反する事物と戦うための[267]」力であるが、正しく使用されておらず、人を烈しく攻撃する武器になっているとする。もちろん神はこの最低の能力を住まいとはしないが、同様に、理性と意志と愛という最高の諸能力の内にも神はとどまらない。では神は人間の魂のどこに在す(ましま)のか。これを理解するには、彼の三層の人間像を考える必要がある。

タウラーは説教において「外的なひと、内的なひと、最内奥のひと」という表現によって、人間の魂の三構造を示している。それは端的にいえば、感性的諸能力（die sinnlichen krefte）、知性的諸能力（die vernunftigen krefte）、最内奥であるゲミュエテ／グルント（gemuete / grunt）という三層である。そして人間の神への接近のプロセスについてはこう述べる。「人間があらゆる修練を通して最も外的な（usserst）人を内的で理性的な（innewendig vernúnftig）人の内へと引き込むと、感性的諸能力と理性的諸能力という二人の人が、霊の秘所たる最内奥の（aller innewendigst）人の中に持ち上げられるが、その場には神の真の像が置かれてあり、その像は［…］神のアプグルンデ（abgrunde）へと揺れつつ向かい、完全に到達する[268]」。この過程では、全人的なグルントへの統合が前提とされている。ところでこの引用の中の「感性的諸能力」が具体的に欲情能力と憤怒能力を指しているのかどうかは、タウラーの説教の文脈では判然としない。また「知性的諸能力」にしても、最高の諸能力が理性と意志と愛であるとすることから、これらとイコールとはいえないと思われる。ただタウラーの神秘主義的司牧では、この単純な三層図式が「教導プロセス」を構成している。

それゆえタウラーは一方で、アウグスティヌスやトマスの魂の能力論を踏まえながらも、司牧においては比較的分かりやすい具体的な「教導」理論に立脚しているといえるであろう。タウラーはアウグスティヌスやトマスの魂の諸能力に言及した後で、こういう。

（アウグスティヌスやトマスとは）別の師たちは――その解釈はそれらよりも限りなく意味深く、それらをはるかに超えている――神の像は魂の最も内なる、最も隠された、最も深いグルントにあると語る。［…］神の国は諸能力のすべての働きを超えた（obe allen werken der krefte）内なるグルントの中だけにある。[269]

ここでは「神の像」とか「神の国」といわれる、タウラーがくり返しアルベルトゥスの表現を引用している「三位一体の真の像」は、最低であれ最高であれ諸能力の内にはなく、むしろ諸能力の出所でありつつ、諸能力を超越した次元である――理性すら到達できない[270]――魂の本性であるグルント／ゲミュエテにあるわけである。そして人間は外的諸能力である感性的諸能力と内的諸能力である知性的諸能力を整え（versamen）浄化して神へと持ち上げ、グルント／ゲミュエテに還帰し（zuo keren, in keren）、そこに映し出された神の像（Gotz bilde）を通して神の秘密（verborgenheit）と一つになるべきなのである。

タウラーにおいても魂の諸能力は魂の本体とは次元が異なり、本体を自らの発出源とするもののそれには達しえないものである。また感性的諸能力も知性的諸能力も、彼自身の司牧実践の体験からすれば堕落している例が多いのであるが、そもそもは神が正しく創造したものであることに間違いはない。ということはその本来のあり方が問題となる。つまり我意という毒が諸能力にしみ込んでいるかどうかということである。これにより世界は自分中心となり、神との霊的交流が閉じられる。人間は最低の諸能力の修練により「謙遜、柔和、忍耐」を学び、最高の諸能力を通して「信仰、希望、愛」に生きて、自己の全存在と受けたすべての賜物を神に捧げ返して魂の最内奥のグルントに還帰し、神と合一しなければならない。もちろんそれは、絶対に非類似である神との、自己の実存的死を転回点とする合一というパラドックスに基づいたものであるのである。このようにタウラーは魂の全体性の浄化と奉献による神とのウニオの事態を説いたということができるであろう。その模範はまさしくイエス・キリストの苦難の生き方であったといわなければならない。

またタウラーはミサでの聖体拝領について言及するが、このパンとなったキリストの愛もタウラーにおいてはこの全体的統合を保証する最も驚嘆すべき例となっている。キリストの「超本性的な愛は、人間の兄弟となって惨めで弱い堕落した身体をその身に受けただけでは満足されず、［…］われわれの糧にもなろうとされた[271]」とタウラーは述べ、人間の身体性がウニオに向けていかに重視されるべきものであるかを指摘したのである。人間全体は本来尊いものであるが、ただ魂の隅々にまで浸透した自我の影響が人間の神聖を破壊するのである。人間の全体的浄化こそがタウラーにとっては重要なものであった。

註

（1）Hermann Kunisch, *Das Wort „Grund" in der Sprache der deutschen Mystik*, Dissertation (Münster: Pagenkämper, 1929).　P・ヴィーザーとL・ストゥルレーゼの論文のタイトルについては、序論注12を参照。
（2）Ebd. S. 93.
（3）Ebd. S. 98.
（4）Ebd. S. 101.
（5）Ebd. S. 102.
（6）P. Wyser, S. 325.
（7）Ebd. S. 326.
（8）Ebd. S. 327.
（9）Ebd. S. 326f.

（10） Vgl. V, 347.

（11） Vgl. P. Wyser, a.a.O., S. 343.

（12） Ebd. S. 344.

（13） L. Sturlese, a.a.O., S. 408.

（14） Ebd.

（15） Ebd.

（16） タウラーの場合も、カルトジオ会のＬ・スリウスが編集した『偽タウラー全集』（Pseudo-Tauleriana）は「静寂主義」であるとして、一五一八年にイエズス会で読書が禁じられた。またベルギーのカプチン会が教皇に禁書目録への登録を願ったという経緯がある（Maria Shrady (ed.), *Johannes Tauler*, *Sermons*, Classics of Western Spirituality. New York / Mahwah: Paulist Press, 1985, S. xiv）。しかしタウラーが静寂主義であったとの判断は、彼が神秘的合一に向けて人間の側の努力を強調している点から受け入れがたい。Ａ・Ｍ・ハースもこれに関して「起こりくる事態の静寂主義的な受け止めや神秘的合一の受動的期待ほど、タウラーによって厳しく非難されたものはない」と述べている。Alois M. Haas, *Nim din selbes war——Studien zur Lehre von der Selbsterkenntnis bei Meister Eckhart, Johannes Tauler und Heinrich Seuse* (Freiburg / Schweiz: Uni-Verlag, 1971), S. 145. ゾイゼの場合は、異端視されたエックハルトの教説の正当性を『真理の小著』で弁護し、異端に与したとがで、アントウェルペンで開催されたドミニコ会管区会議で厳しく糾弾され、「読師」の任を解かれている。

（17） DW II, 492f.

（18） DW II, 504f.

（19） 『キリスト教神学事典』（教文館、一九九五年）、三五五頁を参照。

（20） DW I, 170f.

（21） DW I, 153 の以下の文を参照。„Ich spriche aber, daz vernünfticheit edeler ist dan will. Wille nimet got under dem kleide der güete. Vernünfticheit nimet got blôz, als er entkleidet ist von güete und von wesene. ... Dâ von enbin ich niht sælic, daz got guot ist. Ich enwil des niemer begern, daz mich got sælic mache mit sîner güete, wan er enmöhte ez niht getuon. Dâ von bin ich aleine sælic, daz got vernünftic und ich daz bekenne.“

(22) DW I, 93f.
(23) DW II, 189 の以下の文を参照。„Swenne diu sêle kumet in die ungenante stat, dâ nimet si ir widerruowe, dâ alliu dinc got in gote sint gesîn, dâ ruowet si. Diu stat der sêle, diu got ist, diu ist ungenant. Ich spriche, daz got sî ungesprochen.“
(24) DW I, 130.
(25) DW II, 502 の以下の文を参照。„Alsô sagen wir, daz mensche alsô arm sül sîn, daz er niht ensî noch enhabe daheine stat, dâ got inne müge würken. Dâ der mensche stat beheltet, dâ beheltet er underscheit. Her umbe sô bite ich got, daz er mich ledic mache gotes, wan mîn wesenlich wesen ist obe gote, alsô als wir got nemen begin der crêatûren; wan in dem selben wesene gotes, dâ got ist obe wesene und ob underscheide, dâ was ich selbes.“
(26) DW I, 383.
(27) Vgl. DW I, 230f.
(28) Vgl. DW II, 141.
(29) DW III, 445.
(30) DW I, 361.
(31) Vgl. DW II, 66; 88. エックハルトは説教第二八で、„Ez ist etwaz, daz über daz geschaffen wesen der sêle ist, daz kein geschaffenheit enrüeret, daz niht ist.“とし、第二九で、„dâ diu sêle ir natiurlich geschaffen wesen hât, dâ enist kein wârheit. Ich spriche, daz etwaz obe der sêle geschaffener natûre ist.“と述べている。
(32) DW II, 308.
(33) DW I, 39.
(34) DW II, 88.
(35) DW I, 32.
(36) DW II, 370.
(37) DW I, 90.
(38) DW II, 268.

(39) DW I, 313.
(40) DW I, 383.
(41) DW II, 229.
(42) DW III, 225.
(43) Ebd.
(44) DW I, 289.
(45) Ebd.
(46) DW II, 75.
(47) DW II, 560.
(48) DW I, 39.
(49) DW II, 558.
(50) DW II, 75; III, 354.
(51) DW III, 354.
(52) DW I, 45.
(53) DW I, 13.
(54) DW II, 30.
(55) DW I, 165.
(56) DW II, 211.
(57) DW I, 183.
(58) DW I, 93f.
(59) DW I, 193; II, 420.
(60) DW II, 66.
(61) DW II, 421.

(62) DW II, 419.
(63) DW I, 39.
(64) Ebd. ならびに DW II, 418.
(65) Vgl. P. Dinzelbacher, a.a.O., S. 455.
(66) DW I, 40.
(67) DW I, 151.
(68) DW I, 332f.
(69) DW I, 380f.
(70) DW II, 419.
(71) DW III, 315.
(72) Vgl. Benno Schmoldt, *Die deutsche Begriffssprache Meister Eckharts* (Heidelberg: Quelle & Meyer, 1954), S. 82-85.
(73) Vgl. Ebd. S. 83.
(74) DW I, 87.
(75) DW I, 92.
(76) DW I, 90.
(77) Vgl. DW I, 93.
(78) DW I, 90.
(79) 例えば、DW I, 162.
(80) Ebd.
(81) DW I, 165.
(82) Ebd.
(83) DW I, 171.
(84) DW I, 171f.

(85) DW I, 169.
(86) DW I, 171.
(87) Ebd.
(88) V, 69.
(89) V, 331f.
(90) V, 262.
(91) V, 181.
(92) V, 250.
(93) V, 261f.
(94) V, 347.
(95) 例えば、タウラーはこう述べている。「魂が内に還帰すると、神的なものとなって神のいのちを生きることになる。人間が心を散漫にして、外的で感覚的な事物と交わるかぎり、ゲミュエテを知らず、ゲミュエテが内にあることも信じられない。このゲミュエテ、このグルントは魂に埋め込まれているために、魂は永遠に神聖なる生に向けて駆り立てられ、引かれるわけである。このゲミュエテすなわちグルントは、源泉に向かおうとする永遠の傾向性、決定的な傾向性（ein ewig neigen, ein grund neigen wider in den ursprung）を有している。」(V, 350.)
(96) V, 196f.
(97)『新共同訳　新約聖書注解Ⅰ』（日本基督教団出版局、一九九一年）、三二五頁。
(98) Ebd.
(99) V, 347.
(100) V, 348.
(101) V, 347.
(102) Ebd.
(103) タウラーでは、ルカ十章二三a節の「あなた方が見ているものを見る者の目は幸い」(Beati oculi, qui vident, quae videtis.)

に基づく三編（「1W」の第一、『V編集本』の第六四、四五のホミリー説教）が伝承されており、この中では、自己がほんらい無一物であると認識する目こそが「幸いな目」だと説明されている。

(104) V, 195.

(105)『V編集本』第七、十一、二二、二四、二六、二八、三二、三九、四〇、四一、四三、四五、五四、五五、五六、六一、六二、六五、六六、七六、七八。ただしこの中には神秘的合一の体験を反映したものと、その理論的説明を行うものの両方が含まれる。タウラーの場合、神秘的合一の分析には偽ディオニシオス・アレオパギタの影響が濃厚である。

(106) タウラーは『V編集本』第四一でこう述べている。「人間がこのグルントという本性に達するなら、この網は裂けざるをえない。わたし自身がそこまでに至る体験をしたのだとは思わないでほしい（Nút wenent das ich mich dis út anneme das ich út her zuo komen si.)。教師はほんらいは未体験の内容を教えてはいけないが、それでもその内容を好み、大切にし、それに反対でないなら、教えることは許されるのではないだろうか。」（V, 175）

(107) V, 16.

(108) V, 51.

(109) Vgl. V, 51.

(110) V, 52.

(111) Ebd.

(112) V, 352.

(113) Vgl. V, 243.

(114) V, 51.

(115) V, 52.

(116) Ebd.

(117) V, 180.

(118) V, 41.

(119) V, 348.

(120) V, 350.
(121) V, 41.
(122) V, 42.
(123) V, 48.
(124) Ebd.
(125) V, 149.
(126) V, 288.
(127) V, 26.
(128) V, 41.
(129) V, 35.
(130) V, 287.
(131) V, 149.
(132) V, 398.
(133) V, 41.
(134) V, 42.
(135) V, 281.
(136) Ebd.
(137) V, 282.
(138) V, 287.
(139) V, 225.
(140) V, 361.
(141) V, 22.
(142) Ebd.

(143) Ebd.
(144) V, 24.
(145) V, 25.
(146) V, 26.
(147) V, 39.
(148) V, 44.
(149) V, 57.
(150) V, 288.
(151) V, 112.
(152) V, 129.
(153) V, 328.
(154) V, 151.
(155) V, 167.
(156) V, 187.
(157) V, 278.
(158) V, 332.
(159) V, 363.
(160) V, 370.
(161) V, 408.
(162) V, 22.
(163) Ebd.
(164) V, 24.
(165) V, 22.

(166) Ebd.
(167) Ebd.
(168) V, 24.
(169) V, 78.
(170) V, 39.
(171) V, 62.
(172) V, 74.
(173) V, 55.
(174) V, 69.
(175) V, 59.
(176) V, 248.
(177) V, 84.
(178) V, 51.
(179) V, 397.
(180) 「聖霊が受け入れられるべきときには、聖霊自身が場を準備し、手ずから受容性を作り出し、自らを受け入れねばならない（muos er selber die stat bereiten unde die enpfenglicheit selber machen mit ime selber und enpfahen ouch sich selber）。言語を超えた神の深淵が神の在す場であらざるをえないため、被造物が神を受ける場になることはできない」（V, 103.）を参照。
(181) V, 80.
(182) V, 169.
(183) V, 33.
(184) Ebd.
(185) V, 52f.
(186) V, 120.

(187) V, 175f.
(188) V, 251.
(189) V, 257.
(190) V, 117.
(191) V, 176.
(192) Vgl. V, 176; 201; 331.
(193) V, 88.
(194) V, 109.
(195) V, 117.
(196) V, 120.
(197) V, 190.
(198) V, 201.
(199) V, 251.
(200) V, 257.
(201) V, 263.
(202) V, 331.
(203) V, 358.
(204) V, 363.
(205) V, 201.
(206) V, 109.
(207) V, 117.
(208) V, 55.
(209) V, 162.

(210) V, 253.

(211) D. Helander, a.a.O., S. 356f. これはヘランダーが『V編集本』を補完するものとして加えた二編目の ‚Ascendit Jhesus' の説教である。

(212) Vgl. ebd. S. 354.

(213) V, 169 の次の文を参照。„Dis sint die uf den die heiligen kilchen bestont, und enweren dise nút in der heiligen cristenheit, die cristenheit enmoechte ein stunde nút geston. Wan ir sin, das si alleine sint, das ist verre wirdiger und nútzer denne aller der welte tuon."

(214) V, 48f.

(215) V, 48.

(216) V, 31.

(217) Vgl. V, 223.

(218) DW I, 171f.

(219) „alliu unser volkomenheit und alliu unser saelicheit und liget dar ane, daz der mensche durchgange und übergange alle geschaffenheit und alle zîtlicheit und allez wesen und gange in den grunt, der gruntlôs ist." を参照（DW II, 309.）。

(220) DW I, 90.

(221) DW I, 360.

(222) DW I, 32.

(223) DW I, 31.

(224) DW I, 173.

(225) DW I, 136.

(226) Vgl. DW I, 136.

(227) DW I, 552f.

(228) DW IV-1, 352.

(229) Vgl. Franz Pfeiffer (hg.), *Deutsche Mystiker des 14. Jahrhunderts, Bd 2. Meister Eckhart* (Leipzig 1845. Neudruck. Aakeb:

Scientia, 1962), S. 181.

(230) V, 62.

(231) V, 92.

(232) V, 101.

(233) V, 301.

(234) V, 307.

(235) V, 300.

(236) V, 109.

(237) Ebd.

(238) V, 120.

(239) V, 109.

(240) V, 301.

(241) V, 144.

(242) V, 29.

(243) エックハルトでは、グルント（grunt）が魂の極所を表現する場合も、基本的にその心的様態を評価する形容詞を示していることがなく、いわば存在論的概念となっている。

(244) V, 216 ではこういわれている。„Wele nehe do ist der selen mit Gotte und Got mit ir, und wel wunderlich werk Got do wúrket und wel wollust Got do hat und wunne, das is úber alle sinne und verstentnisse, noch denne das der mensche nút do von enweis noch enbevindet.“

(245) V, 422.

(246) V, 113.

(247) V, 127.

(248) V, 254; 281; 283; 313; 433.

(249) V, 42; 94; 283.
(250) V, 225.
(251) V, 278.
(252) V, 281.
(253) V, 217.
(254) V, 361.
(255) V, 287.
(256) V, 41.
(257) Ebd.
(258) V, 434.
(259) V, 10.
(260) V, 22.
(261) V, 273.
(262) V, 9. この ‚gehugnisse—verstentnisse—frige wille' は、ラテン語の ‚memoria—intellectus—voluntas libera' と対応している。
(263) V, 9.
(264) Ebd.
(265) V, 236.
(266) Ebd.
(267) Ebd.
(268) V, 363.
(269) Vgl. V, 300f. アルベルトゥス・マグヌス、ディートリヒ・フォン・フライベルク、マイスター・エックハルト、ベルトルト・フォン・モースブルクを指す。
(270) Vgl. V, 330.

(271) V, 293.

第五章　タウラーの神秘主義的教導のプログラム

第一節　神との直接的交流の回復と魂の「転回」

タウラーの神秘主義の特徴としてまず第一に挙げるべきことは、神と魂の愛における直接的な交流が最重要視されていることである。タウラーは両者の関係性を一方で、アウグスティヌスも強調した、人間の魂に対する愛する神の「近さ」(nehe) としてとらえ、他方では、人間が愛の神に自ら回心をもって応えんとする神への魂の「転回」(kêr) と考えている。この二つのベクトルが一つとなって本来の健全な交流運動が回復されるのである。洗礼者ヨハネを霊名の聖人にもつタウラーは、生前この聖人が精力的に行ったように、聴衆に悔い改めの魂の「転回」を説くとともに、愛の神の「近さ」を告げ、聖霊の呼びかけに従って執着的自我を否定して魂を根底から浄化する生き方を説いたのである。(1) タウラーはイエス・キリストが告げた、神と人間との直接的な愛の関係が生きている福音を忠実に伝えることで、彼の説教家としての使命を果たしたといえる。それはタウラーの「生活の座」(Sitz im Leben) においては、信仰的進歩者を異端運動への傾斜から保護すると同時に、霊的に指導するというかたちで、ドミニコ会修道女やベギンに対して行われ、さらには「神の友」の共同体の育成のための運動となったわけである。

たとえドミニコ会やフランシスコ会がアヴィニョン聖庁から異端からの保護という名目で、修道女たちの説教司牧の役目を担っていたとはいえ、それが昂じて神との直接的な交わりを極端に求めさせる教導につながれば、十四世紀前半当時の教会当局はそれを、ある面で伝統的教義に抵触する恐れありと見なしたであろう。しかしタウラーは正統信仰を踏み外すことなく、神との直接的交流を目指す司牧を行った。タウラーは教会の位階制度や修道会の地位、典礼暦に基づく宗教的慣習などは、信仰の本質とは関わらないものとして相対化し、もちろん教会建築や絵画など芸術的価値にもほとんど関心を示さない。告解や祈りの習慣も行う回数ではなく、そこに自己を捨てて神と向かい合う真摯な思いがあるかどうかという意味での質を問うた。極端にいえば、信心業への執着と信仰上の満足は、むしろ神との内面での出会いを妨げる可能性が高いとして、危険性を指摘した。説教家タウラーは、聴衆個人の生活面の諸事情には十分な理解を示すものの、信徒の霊性面での堕落状態に関してはほとんど妥協の余地を残さずに、厳しいけれども懇切な教導を行った。タウラーは神と霊との完全な合一こそが神秘的道程の最終点であると考えていたが、合一それ事態と、それに到達した「完成者」については、ほとんど語ろうとしなかった。そこには、完全な合一はこの世ではなく死後にこそ実現するものだという、彼の徹底した現実認識があったのだと考えられる。確かに合一のいわば仮の体験は、離脱による魂の浄化が進めば進むほど増えることになるが、この世での合一そのものは純粋性と永遠性の面で限界があるといわなければならない。とはいえ死後の完全な合一を目指して此岸での霊的修練に励むのが、信仰的進歩者に求められる生き方である。その長年を要する修練に彼らを「かり立てる」（treiben）のが、外ならぬ聖霊自身なのである。

第二節　タウラーの魂論と浄化の道程

人間の「存在」を考える場合、タウラーでもエックハルトのごとく新プラトン主義的立場が濃厚であり、そこには神からの「流出」と「還帰」という宇宙的循環が示されている。ただしタウラーは教会の伝統的神学に依拠しており、流出を汎神論的な流出としてではなく、つねに神による「創造」行為を示す契機を慎重に組み込むことで、創造主と被造物の間の存在論的差異を明確にせんとした。もちろん人間が創造以前は神の内で永遠に存在していたとする先在説は、無からの創造の教義に抵触するとの非難が提起されるのも当然であるかもしれない。

次に魂論であるが、タウラーはエックハルトと同じく、魂を本体と諸能力に二分する。魂の本体については、彼はエックハルトが工夫して創造した幾多の形象表現の一部を継承し、その中から特にグルントという語を選んで、彼の神秘思想の独自の意味を内包させた。エックハルトはこのグルントをもって神と人間双方の脱自体を示した。さらに魂の側では、特にその最内奥の「場」を表現したのに対し、タウラーでは、エックハルトのこの考えを継承しながらも、エックハルトのグルントがもつ存在論的意味合いをむしろ心理学的なものに変質させて、神秘的司牧の主要概念とした。つまりグルントは、神との直接的交流が起こる本来高貴な「場」ではあるが、衝動や感覚の刺激に左右され、知的高慢などで汚染されて、堕落するものになったのである。グルントがゲミュエテと言い換えられる点も、グルントがある種の心的装置である所以であった。エックハルトにおいて不壊の哲学的・存在論的概念であったものが、タウラーでは霊的堕落の可能性を秘めた——説教では基本的に、人間のグルントは堕落状態にあるという現実認識が示されている——心的性格が濃厚な概念となり、それゆえにグルントは

「浄化」の対象となっている。

タウラーが聴衆に説いた修徳的実践の内容は、三層の人間像を前提とする。それは感覚的で動物的な外向的ひと、知的能力に依り頼む理性的ひと、魂の最内奥のひとであり、どの人間の場合もこの三層のひとから成り立っていると考える。タウラーはこの最後のひとをグルント／ゲミュエテと名づけ、最初のものはスコラ学の「欲情能力」(vis consupiscibilis)と「憤怒能力」(vis irascibilis)である感性的能力であるとし、第二はそれらの感性的能力を統御しつつ、人間を感性的支配から離脱させて内的自由を与え、自己放棄させて、神との神秘的合一に向かわせる理性的諸能力であると考える。ただしこの理性的能力は価値両義的なものであって、神からの離反を目論む自我のはたらきに支配されると、知的に高ぶって厳しく他人の言行を裁いたり(「律法学者」の喩え)、熱心な信仰態度を誇ったり(「パリサイ人」の喩え)する、悪魔的な能力に変じるのである。これらの能力は、聖霊によって自我の汚染からの清めを受け、秩序づけられることで、本来のはたらきを回復し、グルントに向けて統合されねばならない。神と魂との直接的交流は、これを不可欠の前提とするのである。

タウラーは、神との合一に向けて魂の浄化を推し進めるのは、根本的には神自身だと考える。もちろんそれは神の独りはたらきというのではない。それには人間の側からの主体的な協働が不可欠だからである。人間は自らの意志で神に身を完全に任せなければならないのである。そしてタウラーは聴衆に対して、つねに自分自身を正しく認識する(din selbst warnemen)よう求め、さらに全能の神の前で自分が(存在的に)「無」であることと、被造物という不完全な存在性ゆえに罪を犯さざるをえないという意味での(倫理的な)「無」を徹底的に自覚するように説くのである。その上で、神が魂との合一を目的として用意する浄化のはたらきを積極的に受けることの必要性を語り、それを日常の具体的な苦しみの中でどのように現実化させるのかという仕方について、聖書の説話や日々の生活から多くの例を引いて説明し、聴衆の霊的な進歩を促したのである。タウラーではそれは短時日で完了するものではなかった。熟練の司牧者である彼は、つねに人間の生物学上の成熟段階を意識しており、若い時期の伝統的な信心生活を終えたら四十歳までに精神的な危機を克服し、それからさらに十年間の修練を経過すべきだと考えた。五十歳台に入ってようやく、聖霊のはたらきに本来の仕方で身をゆだねることができるのである。その間信仰上の進歩者に求められるのは、長期間の誠実な修練に不可欠な神への愛と深い謙遜なのである。

第三節　キリスト神秘主義——秘跡と模範

タウラーにおいて、イエス・キリストの存在は、合一を目指す浄化の過程で決して欠くことができない。自由心霊派の異端が主張した救世主の不要論は、タウラーでは決定的に排除されている。神の子の存在を絶対に凌駕できない理由は、まず世界と全被造物が彼（ロゴス）を介して創造されたこと、受肉者としての彼が磔刑死と復活によって罪に沈淪する人類に救いをもたらしたという歴史的啓示である。タウラーは決定的にこの啓示に依拠して、説教家としての役目を果たした。

また、イエス・キリストが人間の救いのために、あえて「聖体」の秘跡となったことである。タウラーはクレルヴォーのベルナルドゥスに従い、信徒が聖変化したパンを食することで、逆に神に食されて神自身の内に引かれる神秘を告げ知らせた。(2) タウラーはこの聖体を告解とならんで七つの秘跡の中で最も強調する。そのさいタウラーはたんにミサで聖変化したパンを受ける実際の拝領を重視するだけではない。同時にいやそれ以上に、魂を完全に神に捧げて神との一致を求めるよう希求する霊的聖体拝領を勧めている。これはタウラーが活動した中世後期の教会生活を考えてみれば画期的なことであったにちがいない。聖体拝領も含めて教皇より秘跡授受の禁止令がシュトラースブルクに下されていた当時、この考え方は民衆にとっては大きな安心を与えるものであったと推測される。

さらに、苦難の道を歩んだイエスの境涯そのものが如実に示す、自己を放棄してすべてを父から受け父に返して生きる「無我」の生こそが、神秘的合一に招かれた人間にとっての信従の「模範」であるためである。それは日常生活のどの局面でも信仰的進歩者が実践していることでなければならず、タウラーが全説教活動を通じてたゆまず説いた、グルントの浄化の修練の必要性は、その内的実践にほかならなかったのである。

加えて、タウラーが独自の信心方法を勧めていることを指摘しなければならない。それは十字架上のイエスをイメージし、五つの傷に自分自身を重ね合わせる修練である。そこでは自己の実存のすべてを挙げて自分と神の子が一つになることが求められ、この業が積み重ねられることによって、信徒はイエスの人性との一致を通してキリストの神性に移されるとする神秘主義的な修練であった。

このようにタウラーにとって、イエス・キリストは、救いを求める人間が全存在を賭けて信従せねばならない、唯一無比の「足跡」であった。

第四節　「神の友」の理想像

M・A・ヴァニエはタウラーの説教に特有な二大テーマとして、魂の内での神の誕生と神との親しさ（la

naissance de Dieu dans l'âme et l'amitié avec Dieu)[3]を挙げたが、これは妥当であると思われる。タウラー自身も独自の司牧的方法を用いて、エックハルトの中心思想である「魂内での神の誕生」を実現させるべく努力した。そのために彼は説教の聴衆に向けて、習慣化した信心業の実践で決して満足することなく、自己や被造物に執着する傾向を有する自我の突破（durchbruch）を求め、神との合一に向けて徹底的に自己を離脱することをたゆまず説いた。ここには前提として、ヴァニエが指摘した「神との親しさ」の考えがあるといってよい。なぜなら人間は、この親しさに基づき、神からの愛に促されて合一を目指そうとする根源的な希求を本性的に有しているからである。

すでに本書で明らかにしたように、タウラーの教導の対象は、エックハルトと同じく、信仰上の進歩者である個人であった。ただしタウラーは、その中でもとりわけこの世での完成に近づいた――タウラーはこの世での神との完全な不退転の合一には懐疑的である――進歩者を最も重視し、彼らを「神の友」と呼んだ。彼は多くの説教でくり返しこの「神の友」に言及したが、キリスト信従を内面的に実践して自己の魂を徹底的に浄化しようと努力する彼らこそ、この世での理想的な信仰者であり、模範であった。

先に述べたように、タウラーはシュトラースブルクの他のドミニコ会士とともに、四年ほどバーゼルに活動の場を移した。そしてまさにその機会をとらえて、当地の女子ドミニコ会員やベギンを司牧し[4]、さらに教区司祭で友人となったハインリヒ・フォン・ネルトリンゲンとともに、聖職者や一般信徒からなる「神の友」の指導に関わった。タウラーはその時期に信徒の理想的な求道のあり方を確認し、それを模範として固定化したのだといえよう。その後、ドミニコ会士らが帰還を許され、追放の地からシュトラースブルクへと呼び戻されると、タウラーはバーゼル時代の「神の友」の共同体との交流を断つことなく、新たに故郷での「神の友」の指導に専念した。彼はそのさい裕福な名望家であったルールマン・メルスヴィンと出会い、この人物の聴罪司祭となるが、この「神の友」は同地のヨハネ騎士修道会を援助し、「神の友」の有力な一員として活動した。(5)

それではここで、タウラーの説教にあらわれる「神の友」の特徴を検討し、この神秘家が模範とする信仰の進歩者の姿を確認しておきたい。

タウラーは多くの説教において、堕落した信仰形態を痛烈に批判した。すでに述べたが、それはまずは、イエス・キリストを唯一の救済者とは認めない、汎神論的な自由心霊派の異端セクトであった。タウラーはこれと厳しく対決したが、教会内にも、神と魂との純粋な霊的交流を阻むパリサイ主義と律法主義という二タイプの信仰的態度があったため、これらを強く弾劾した。「神の友」はこの対極に位置づけられ、神との合一のためにすべてを放棄し離脱することを、心からの願いとしている。

しかしタウラーによれば、今は信仰的完成に近づいた「神の友」も最初から優れた霊性家であったわけではない。ただ内面のグルントで聞いた神の愛の呼びかけ(6)によって決定的に回心し、すべてを棄ててキリストに従う道を選んだのである。神の愛の照らしによる罪の深い自覚と救いの体験、これが彼らの人生を百八十度転換させた。しかしタウラーは、彼らから生涯、罪深い身の上であるとの認識は払拭されず、彼らは自分を他の誰よりも、地獄の最悪のルチフェルよりも、存在に値せぬ者だと見なしているという。(7)けれどもこの徹底的な無（価値）の自覚は、彼らをして聖霊のはたらきを存在全体に受ける土の器へと変容させる。その彼らの特徴は、神の前に深くへりくだって、摂理に身をゆだねる姿である。彼らは「外面的には役立たずの人間と思え［…］大層な言葉も行いも目論見もなく、外見は目立たず言い方はひどく質素であるが［…］自分の生き方から離れ落ち、すべてを神にゆだねて神に留まる生き方[8]」をしている。彼らは神から受けた賜物に対しても、感謝しつつも決してしがみつかず、それが取り去られるときには愛する神に感謝しながら捧げ返している。ひとり賜物だけでなく自己自身もつねに神のはたらきに任せきっている。タウラーはこの絶えざる「捧げ返し」(uftragen)も、彼らの特徴の一つに数えている。神から受けたすべての恵みを自分の存在ごとつねに神に捧げ返して、日々の一瞬一瞬を生きる信仰者のあり方を、タウラーは説教で聴衆に示し、彼らを讃えた。

「神の友」は何も特定の地位の聖職者である必要はなかった。タウラーは例として、霊性の深さで聖職者を大いに凌いでいる農夫や靴職人などを挙げたが、彼の目はむしろ世間で労苦して働く人々の中に優れた霊性家を発見していた。タウラーはこうした市井の「神の友」に学ぶ必要をくり返し語った[9]。

タウラーは神学者と「神の友」を比較して、前者を痛烈に批判した。「パリの偉大な教師たちは大部の書物を読み、頁をめくっている。それはよいことかもしれない。だがこの人々(=「神の友」たち)は、すべてのものがその内で生きている生命の木を読んでいる。彼らは天と地の頁をめくり、その中に神の不思議な御業を読んでいる。彼らはさらに進んで聖なる天使たちの識別に至り、聖なる三位一体の最高の文字にまで達しているのだ。すなわち御父が御子を永遠の内にお生みになられたこと、永遠の御言が御父の心の中で永遠に戯れていたこと、聖霊が二人から流出し、聖なる三位一体が至福に達したすべての霊の中に流れ出ていること、人々が不思議な至福において再び(神の内に)自己を注ぎ込んでいるのである[10]」。ここには、現実の生活の内に顕現する神の国を説き、その神秘を人々に伝授する生師であるタウラーの強い確信が認められる。

タウラーにおいて救いとは、たんなる個人の問題ではなかった。一人の救いは他者に影響し、さらに全世界の人々に及び、はては被造物世界全体の救いとつながるものである。全人類さらに全被造物の救いを望む神の意志こそ、エックハルトよりも明確に主張されるタウラーの全体的な救済観であるが、彼は「神の友」の存在の霊的価値を中心においている。タウラーは「神の友」を「聖なる教会の礎」(die uf den die heiligen kilchen bestont)[11]であると述べ、その存在なしには「教会は一時間さえ存続することができない」(die christenheit enmoechte einstunde nüt geston)[12]と語った。それでも彼らの尊い存在価値が教会内で承認されることは少なく、反対に他の信徒から異端者のように中傷されることが多い[13]との事実も指摘した。

「神の友」は、神の深淵に彼らの魂のグルントが沈んで融解する、神との合一をたびたび「前味」として体験しており[14]、死後の救いは約束されている。それでも神が彼にさらに完全を求めるため、今もなお浄化による厳しい試練に見舞われており、リカルドゥスのいう「激しい愛」(rasende minne)[15]に襲われて「全天の上に(über alle himmele)吊るされた[16]」絶体絶命の状態にある。それでも「神の友」は離脱のあり方から転落することなく、霊的な「平和と真の安心」(fride und ganze sicherheit)[17]を失わないで、救われず苦しんでいる人々のために激しく泣き、愛ゆえに彼らの救いを願っているのである。

第五節　タウラー神秘主義の現代的意味

それでは次に、タウラーの神秘思想が二十一世紀を生きる人間にとっていかなる意義を有するかを考えてみたい。

そのさいにまず、中世のカトリック教会の(伝統的な)宗教文化が、もはや現代には相応できず、そのままの形で継承することが困難になってきたことを認めなければならないであろう。われわれは、近代科学の発展の中で合理的思考の洗礼を受け、西欧思想の価値の崩壊を告げんとしたニーチェやフロイトの登場を体験し、無神論的思考の展開を見てきたからである。旧来の世界観は時代の移り変わりに伴って大きく変化し、カトリック、プロテスタント、正教会なども、その世界理解において深刻な影響を受けるようになってきた。そうした中で、タウラーの「神と魂の合一」を唱える神秘主義は、果たして有効であろうか。然りであれば、どのような点で有効であろうか。

タウラーによれば、キリスト者とは、神がナザレのイエスの言行（奇跡や教え）および最終的には十字架の死と復活を通してなした、その唯一無二の決定的な救済の業を信じ――この信は同時に回心の出来事となる――生涯を聖霊に助けられ改心しつつ生きる道を歩むものである。タウラーは七つの秘跡の中で特に告解と聖体を重視した。つねに苦難による浄化を願う長い年月の道程である。それはイエスの生き方を模範とし、秘跡に支えられて、人々に対して、魂のグルントの汚染を確認し、堕落状態を克服せんと決意し、聖体の恵み――食することで神に食されるという相即的な浄化――に与りつつ、日々の暮らしの難儀をキリストの苦難に重ねて生きるように、と教えた。その教導のプログラムには、人間イエスとの合一から霊的キリストとの合一へと移相され、ついには「知られざる神」（使徒言行録一七章二三節）に至りうるという、神秘主義的な体験の実現が約束されていた。

タウラーは神秘家であるがゆえに、その関心はもっぱら「神と魂の生きた関係」の回復の処方にあった。そのために、他の宗教文化的要素、すなわち典礼や儀式、信心業（祈りの回数や仕方などを含む）、煩瑣な神学論議は、二次的なものであった。むしろ、それらへの極度の執着はエゴの所業であったのである。このように魂のグルントの徹底的な浄化、神への全き献身がタウラーの指導の本質であるとすれば、人々はもはや現代には適応が困難となった古い宗教文化的要素は脇におき、超越者との合一を目指す修練の道を一心に歩んでいくことができるであろう。旧態依然たるキリスト教的世界観にもはや満足できなくなってしまった人々、現代世界に向けたカトリック教会の社会的発信力の低下に失望してしまった人々も、教会から離れたのは事実であるとしても、福音書のイエスへの信頼を失ったわけではないであろう。むしろ、彼らにとってイエスは、人間への愛ゆえに自己を捧げ尽くした「無私の模範」であり続け、そのイエスを崇敬して信従していきたいとの願いを抱き続けているのではないだろうか。タウラーの教えに従い、神との霊的一致を目指して浄化の修練を積んでいくことは、とりわけ求道的なカトリック者にとってはきわめて有益な生き方であろう。

またタウラーは、ホスチアの形体で受ける聖体の拝領を重視したが、同時に、望めばつねに行える「霊的聖体拝領」——教皇による秘跡授受禁止令の実施時にいっそう現実感を増したのであろうか——を強く勧めた。つまり犯した重い罪を痛悔し、罪からの浄化を求めて神に魂を捧げ、神と一致せんと望む行為である。プロテスタントでも、後期ルターのように、人間は堕落しきっているために、神と一致できる可能性を残していても、現実的には実現は不可能に近い、と結論する考え方は別として、時代が下って同じルター派内の運動となる敬虔主義のような立場であれば、「霊的聖体拝領」は大いに有効であろう。つまりキリスト教内の教派間の歩み寄りは、この面でも可能となるのである。もちろん、これらはキリスト教会内での救いを扱った問題であり、「教会の外に救いなし」の「排他主義」（Exclusivism）が乗り越えられていない立場である。

それでは、タウラーの神秘主義を他宗教との関係において見た場合には、どんな意義が見出せるであろうか。すでに述べたように、タウラーの神秘主義はキリスト信従の実践を内面化し、魂のグルントへの還帰、汚濁状態の認識、浄化の修練への決意を求める。その場合に、キリスト神秘主義といえるほどに、受難のキリストが中心に立っている。ここからすれば、イエス・キリストという歴史的啓示は代替不可能で絶対的であるがゆえに、他宗教との対話の道は閉ざされてしまうように見える。ただ他方で、イエス・キリストを一旦離れて、我執を離れる霊性的修練そのものに目を向ければ、その超越者への道程は、諸宗教がその神秘思想的次元において蔵している内容ときわめて類似したものである可能性はないであろうか。例えば、イエズス会士で禅の師家ともなったエノミヤ・ラサール神父は、タウラーの教導する神秘主義的階梯と禅の老師が指導する道のりが非常に似ていると指摘している。[18] このことは何も、禅仏教との間にだけではなく、ユダヤ教やイスラーム、その他多くの宗教にも認められるかもしれない。とすれば、これは深い宗教間対話に資する創造的な可能性を秘めているといえるであろう。

註

（1） タウラーはこの点では、フランシスコ会のベルトルト・フォン・レーゲンスブルク（Berthold von Regensburg, 1210-1272）のような、罪びとの最初の回心を強調する説教者などとは性格が異なる。

（2） 第三章注56を参照。

（3） Marie-Anne Vannier. „Jean Tauler et les amis de Dieu.“ *700e Anniversaire de la Naissance de Jean Tauler* (RevSR, No4 Octobre. 2001), S. 456.

（4） この間の事情を伝える資料として、W・シュタムラーはアインズィーデルンの修道院図書館所蔵の写本二七七に含まれた、女子ドミニコ会のクリンゲンタール修道院でのメモ書きを紹介している。これは説教後に、とある修道女（名前は不詳）が思い出しつつ内容をまとめたものである。そこでは「シュトラースブルクの人がこれをクリンゲンダールで話した」（Dis sprach der von Strasburg ze Klingendal）といわれ、またこの説教者が「あなた方自身を認識し、それに留まれ」（nement üwer selbes war und blibent dar bi）というタウラー特有の表現を用いているところから、この説教者がタウラーであった可能性は高いと思われる。
Wolfgang Stammler, „Tauler im Basel,“ *Johannes Tauler, ein deutscher Mystiker, Gedenkschrift zum 600. Todestag*, S. 75f.

（5） 彼はイル河内の島にあったグリューネンヴェルト修道院を百年契約で借りて、ヨハネ騎士修道会に譲渡した。神の友ニコラウス・フォン・レーヴェン（Nicolaus von Loewen）を著者とする『高地の偉大なる神の友』（Der grosse Gottesfreund im Oberland）は、H・S・デニフレによれば、実はメルスヴィンであったとされる。P. Dinzelbacher, a.a.O., S. 353.

（6） Vgl. V, 254.

（7） Vgl. V, 205.

（8） V, 31.

（9） タウラーがモデルだと考えられてきた『マイスター・ブーフ』の修道会説教家も、一人の「神の友」によって決定的な回心に導かれた。この書はニコラウス・フォン・バーゼル（Nicolaus von Basel）がまとめたものを、一八七五年にC・シュミット（C. Schmidt）が *Nicolaus von Basel berichtet von der Bekehrung Taulers* というタイトルで出版したものである。ただし主人公の修道会司祭について、W・プレーガー（Wilhelm Preger, *Geschichte der deutschen Mystikim Mittelalter, Teil 3, Johannes Tauler*. Aalen: Otto Zeller, 1962.）やW・ラート（Wilhelm Rath, *Der Gottesfreund vom Oberland*. Stuttgart: Freies Geistesleben, 2015）はタウラーと同一視したが、H・S・デニフレは慎重な検討の結果、タウラーであると認めなかった。G・シュティーア教授も同一視を支持していない。

（10） V, 421.

（11） V, 169.

（12） Ebd.

（13） Vgl. V, 62; 67; 138; 180; 187; 189; 353; 381.

（14） V, 406f など、タウラーはこの例を随所で用いている。

（15） サン・ヴィクトル派のリカルドゥスは、愛の四段階を提唱し、その最高段階をラテン語で ,caritas quae defectum adducit‘ と名づけているが、タウラーはこれを ,rasende minne‘（激しい愛）と訳した。V, 333f を参照。

（16） V, 88.

（17） V, 189.

（18） Vgl. Hugo M. Enomiya-Lassalle, *Zen und christliche Mystik*, Freiburg im Breisgau 1986, S.368ff.

付論　タウラーの説教における比喩表現

第一節　「幸いな目」（beati oculi）の喩え

タウラーは説教のテーマとして「幸いな目」（beati oculi）を好んだ。彼はルカ一〇章二三節の「あなた方の見ているものを見る目は幸いである」（Beati oculi, qui vident, quae videtis.）を題名とする説教を三篇残したが、その数はこのテーマに対する彼の関心の大きさを物語っている。これらは最古のウィーン写本二七三九および二七四四に収録されており、前者では第一と第二、後者では第三として置かれている（以下、これらは順番に［A］、［B］、［C］とする）。これらの説教の正確な成立年は不明であるが、［A］、［B］の二編は内容からして、彼がバーゼル移住後、ケルンの女子ドミニコ修道会から招かれてライン河を下り、その地で行ったものであることが、明らかである。［A］では帝国都市ケルンが名指しされており、また朗読された聖書の箇所から、とある年の秋すなわち三位一体の祝日後の第十三主日に行われたことがわかる。[1] また［B］は冒頭で、このルカの章句には「至純の教え（die luterſte lere）が含まれ、教えには最高の幸い（die overſte ſelicheit）がある」[2]と語られ、この〈最高の幸い〉と同一の語が［A］の末尾でそのまま提示されていることは、両者の関連を暗示している。[3] しかもエンゲルベルク写本に依拠すれば、タウラーは、「先日同章句に基づき説教を試みた」と述べていることから、[4]これは続編であると推定でき、おそらく［B］は、［A］からさして日をおかない、後の週日に行われたと考えられる。［C］の場合はそれより時を隔ててはいるが、やはり何年か後の三位一体の祝日後第十三主日に行われた説教であると考えられる。

このようにタウラーはルカの同章句に基づいた説教を三度も行ったのであるが、理由は、説教家がこの文中の〈幸いな目〉に特別な意味を読み込んでいたからだと思われる。つまりタウラーはこの語を比喩化し、それを以て独自の思想を展開したのである。本節では、このタウラーによる〈幸いな目〉の解釈はその神秘思想の核心を説明していると思われることから、これら三説教を各々分析し、さらに〈幸いな目〉の説明を相互比較することによって、タウラーの神秘主義の思想的立場を確認したい。分析には両ウィーン写本を用いるが、［B］と［C］にはフェター版に異同テクストがあるので、[5]これを比較対照のために用いる。

（1） 説教［A］、［B］、［C］の精神的位置――成立の状況および内容

説教［A］はライン河畔の大都市ケルンで行われたものである。説教自体は神秘教育的な性格が弱く、逆にタウラーが不敬虔な聴衆の形ばかりの信仰に痛烈な批判を加えている内容からして、一般市民を対象としたものであると考えられる。それは習慣化して生命を失った信仰生活を再び原点に戻す呼びかけ、つまり生きたキリスト教信仰を求めての「内面化」を促す、倫理的な司牧となっている。それに比べると、［B］の内容は勝義に神学的・哲学的であって、学問的修練を積んでいない信徒には理解が困難であることから、少なくとも神学の基礎学習をすでに終えた聖職者に向けて行われたのではないかと推測される。聴衆には確実にドミニコ会修道女やベギンが含まれていたであろうが、修道会司祭や修道士、在俗司祭も聞いていた可能性がある。またウィーン写本

二七四四の冒頭に配列された［C］であるが、これは時期のみならず場所も不明である。説教の聴き手は主に修道女たちであろうが、中にはタウラーが司牧した「神の友」共同体の人々が加わっていたかもしれない。内容的には、中世後期の自然や日常生活から多くの具体例が織り込まれているので、聴衆には理解しやすかったと想定できる。ある種の信心譚を聞いているように思えたのではなかろうか。

また説教全体を死や腐敗のイメージが覆っていることから、ドイツ南西部を襲った十四世紀中葉のペスト禍の時代に行われたのであろうか。［C］はこのように、ドイツ民衆の生活の日常を描きながら、神との霊的合一に登りつめる道を教導する優れた神秘主義的説教となっており、最晩年のものである可能性が高い。以上の比較から、三篇の説教の特徴的性格は、［A］が倫理的・司牧的、［B］が哲学的・神学的、［C］が勝義に神秘教育的(mystagogisch)だということができる。

(2)〈幸いな目〉の意味するもの

タウラーはこの三編の説教で〈幸いな目〉のテーマを追求した。ここではこの比喩の意味を検討するのであるが、その前に、〈幸いな目〉の語が含まれる本来のルカの章句を確認しておこう。ルカ一〇章二三b―二四節では、イエスはこう語っている。「あなたがたの見ているものを見る目は幸いだ。言っておくが、多くの預言者や王たちは、あなたがたが見ているものを見たかったが、見ることができず、あなたがたが聞いているものを聞きたかったが、聞けなかったのである」。このイエスの言葉は、前もって福音宣教のために町や村に二人ずつに分けて送り出していた七十二人の弟子たちが帰り、彼らがイエスの名において悪霊を追い出し、福音を述べ伝えてきたと報告した時に、イエスが彼らだけに向けて喜びの内に語ったもので、「救いをもたらす私＝メシア」を見る目は幸いだということである。つまり幸いであるのは、救いを実現する者が誰であるかを悟る人間だということである。[6] タウラーはこのラテン語訳の中の ‚quae videtis' の関係代名詞 ‚quae' の指示内容をさらに敷衍的に解釈して、自説を展開していく。

（あ）［A］の場合

タウラーが説教［A］で、ケルンの人々の信仰生活の堕落状況を直視し、聖なる怒りをもって内的生活に導こうとするさまは、彼が敬愛した洗礼者ヨハネの役割を思わせるものである。[7] 説教家は［A］で、イエスがまず旧約の堕落都市ソドムとゴモラの例を取り上げ、カファルナムとベトサイダの町はそれ以上に不信仰であったといい、最後の審判はその分だけいっそう厳しく下されると予言したことを引き合いに出す。そしてそれを前提にして、さらにケルンも同様に厳しい裁きを受けることになると、容赦なく切り捨てる。ケルンは「神の言葉（daz gotzwort）がこれほどまでに豊かに、純粋に、顕わに注がれ、明らかにされた[8]」いわゆる聖なる町でありながら、人々は福音に従う生活を送らなかったと厳しく非難し、「永遠の呪い（der ewige vluoch）が降りかかることになる[9]」と述べる。これが説教［A］の出発点たる悲観的な現実認識である。しかしタウラーはそれを踏まえて、信仰の内面化による救いを説く。ケルンは聖なる三人の王、聖なるモール人、聖なる一万一千人の乙女たちの信仰によって有名であった。

しかしタウラーは、その事実もケルンの人々の救いにはつながらないと断言する。それは救われるべき個人にとって、たんに「外から入ってきたもの（inkomen）[10]」にすぎないからである。タウラーの目は徹底的に人間の内面に向けられており、そこには、救いは内面から来なければならないとの確信があった。だからこそ救いは自己の内面への沈潜を不可欠の前提とする。タウラーはここに神の恵みに対する信徒の応答の責任を見ている。このタウラーに特徴的な個人の内面の重視は、やがてルターにも受け継がれていくが、ここには中世からルネサンス期に移行するにさいしての人間観の変化が認められるとも読め、この点で、エックハルトのごとき〈普遍的人間性の思考〉[11]はタウラーにおいて現実感を失ってきたといえよう。

それでは、タウラーが［A］で語る、真に〈幸いな目〉とは何であるのか。それは、内面のグルントにおいて自己が「無」（nit）[12]であることを洞察する目である。それができるには徹底した自己否定と謙虚さが必要である。中世の一般的理解では、神によって創造され維持される世界は、人間を含めて無そのもの（被造的無）であり、神はそれとは反対に、被造物なしに自存する唯一の実体（substanz）である。しかしタウラーにとって重要であったのは、そうした抽象的な哲学的神概念ではなかった。彼の目に見えていたのは、人間の救いのために自己を犠牲にした生きた愛の神の姿であった。タウラーの神秘主義の根底には、人間との霊的交流を求める神の愛のはたらきがある。ただ神との交わりを回復するには、人間の側の生き方が問われるのである。タウラーはそれには人間の側の「卑小」（clenheit）[13]の自覚、さらに徹底して無の認識が必要であるとしており、被被造者性（創造されたというあり方）を徹底的に認識することによって、神との合一が可能となるのである。へりくだりの低さが、逆説的に、神の高みに昇る可能性を保証するのである。ここで実現する自己否定は、人間存在の究極を人間自身の限界内に置くのではなく、人間を生かす神の究極に置くのである。それゆえ人間のグルントとは、人間の内に在るものでありながらも破れて神へと開かれているグルント、底のないグルントとなるのである。

そしてタウラーはこの信徒の内面的あり方に反するものを指摘し、糾弾する。それは［A］では「律法学者たち（ſchriber）」と「パリサイ人（pharisein）」である。〈律法学者〉とは自己の知的能力をひけらかし、普通の人々を指導しようと意志する尊大な人間であり、それをタウラーは「高度な知性と見事な言葉を誇り、小賢しい」[14]と考えており、人々を神との真の出会いに導く指導者たりえないとしている。もう一方の〈パリサイ人〉とは、確かに「人間に可能である最大の外的修練を終えた[15]」と思しき人間である。しかし皮肉なことに、修練を以てしても彼らは深い内面で神と出会うことはできなかった。悪意を抱いて人を「つねに裁こうとして」（vol vorteylens）[16]いるのが、証拠である。これらは「聖者もどき[17]」のタイプに属し、内面のグルントで神との真の交流を求める信徒にとっては、有害な見本そのものなのである。タウラーには、人間は有限的な自己に依拠してはならず、絶対なる無限の神を根拠として生きるべきであり、まさにその自己こそが本来の自己であるという理解がある。それゆえにエゴという執着我の放棄が必要となる。説教家は、神は人間を愛するがゆえに人間が真の無に達するように導こうとし、そのためには人間が罪に陥ることすらも回避しない、とまで語る[18]。ここには罪それ自体にもはたらく恵みが強調されている。タウラーはイエスが救いの担い手である自己＝イエス自身を見る目を〈幸いな目〉としたのに対し、自己の無を悟る信徒自身の目を〈幸いな目〉とし、この目と対立する〈知的高慢〉と他人への〈否定評価〉を徹底的に糾弾する。そうであれば、タウラーの〈幸いな目〉は、ルカ福音書のイエスを見る〈幸いな目〉とは異なるとは、必ずしもいえない。なぜなら、徹底的に自己の〈無〉を生きたのは、まさしくケノーシス（自己空化）の神の子イエスその人であったからである。信徒の〈無〉の模範、それはイエスの生き方にあった。

（い）［B］の場合

説教［A］から少し日を隔てて行われたこの説教は、随所に神学的諸説をちりばめて構成されており、生師を自認するタウラーにはめずらしく、知的で思索的傾向の強い仕上がりとなっている。この説教では上述のルカの章句に加えて、さらに後続の二五―二七節の〈永遠の生命を得るには愛さねばならない〉という主張に立ち入っている。タウラーは説教［B］でまず〈幸いな目〉について二つの意味を提示すると言うが、結局一つにしか言及しない。

さてタウラーはここで、目が幸いである理由を「（自己の）偉大で不思議な高貴を内面で霊的に見る」（van deme inwendigen, geiſtlichen angeſichte des grozen, wunderlichen adels）[19]ためだとする。この〈高貴〉とは、神が魂のグルントに置いた（神自身との）「特別な親縁性」（ſvnderlich ſipschaft）[20]を意味する。これはタウラーによれば、ドミニコ会神学者らが呼び名を変えて指摘してきたが[21]、キリスト教以前のプラトン、アリストテレス、また以後の新プラトン主義者のプロクロスが語ったものでもある。タウラーは〈高貴〉に相当するものをこのうちのエックハルトの「火花」（vunke）[22]と見なし――このことはエックハルトに対する高い評価を反映しているのであろうか――それは創造以前からあったが、流出を経た今、流出の根源にまで至ろうとするものという[23]。これは〈シンデレーシス〉[24]概念に類似したものと読める。さてタウラーは〈幸いな目〉が見る〈高貴〉を神学的にこう説明するが、さらに論を進めようとはしない。〈高貴〉の知的理解は、彼にとっては、善なる人々には神との一致に向かわせるが、誤った人間はこれにより自らに害を招くものであったからである。

タウラーはここで聴衆に、むしろ日常の具体的生活の中で〈無〉の道を歩むべきだと語る。それは真に謙虚になり「自己自身と自己の行うこと、行いうるすべてを無と見なす」[25]ことである。この無という人間の真実、これをタウラーは人間の「根底」（grunt）とも言う。タウラーでは一般に「根底」は人間の魂の究極の場――もちろん場なき場のことである――を示すが、ここでは人間の真実を〈根底〉という表現で置き換えている。人間がすべてのものを放棄し、自己を完全に無と見なすことこそが、人間に求められる真のあり方、〈根底〉なのである。その境地に至るには、謙遜と柔和が必要であり、まさしくイエスは模範であった。

タウラーは、〈幸いな目〉を得るには、意志からの解放が不可欠であると言う。この意志をタウラーは厚い毛皮と毛布で象徴し、「目はすべての色を見るためには、あらゆる色から解放されていなければならない」（…moz daz ouge ſin under alle valwe, daz is alle varwe geſehin moge）[26]という中世思想家たちの喩えを共有する。[27] 見ることが幸いであるためには、「内的な目はいかなる意志からも、意志しないということからも自由で、純粋でなければならない」（…muoz dat innewendige ouge bloz vnd luter ſin van allis, wilende vnd vnwillende, ſal is lvterlichen in ſehin）[28]のである。謙遜による完全な自己放棄から生まれる「無意志」、つまり〈我意であるかぎりの意志〉の否定が人間を幸いとするのである。こうしてタウラーは愛の考察に移っていく。彼は中世でよく議論された愛と認識の優越性の問題は取り上げないと言いながら、実際にはこの世では愛の方が益するところが多いとして、実践的司牧者の立場から愛の優位を暗示する。タウラーの神秘思想では、一般に、知性のはたらきは真理の把握を危うくするものとして、否定的に見られている。ところでこの愛と自己否定すなわち「無」とは、どう関係しているのであろうか。

タウラーが愛を語る際に前提とするのは、愛の形相（forme）、質料（materie）、目的（ende）の内容である。そして愛の形相を愛そのもの、質料を心と魂と諸能力、目的を神とする。[29] ここで主張されることは、すべてをつくして神を愛することが人間の本来のあり方であるということである。タウラーはここで、サン・ヴィクトル派のリカルドゥスを援用して愛の区別を紹介するが、それに基づいて自説を展開するわけでもなく、なぜリカルドゥスにあえて触れるのか、必然性がわからない。彼の関心はむしろドミニコ会のアルベルトゥス・マグヌスの福音解釈に注がれ、その説に従って自己の立場を語る。「心をつくして」とは、「熟慮した上で、自由意志により、心と魂と能力をつくして修練する」[30]ことであり、「魂をつくして」とは、「喜びと満足を持ち、好意を抱き、愛を込めて、自由意志で、魂のすべてを挙げて神を愛する」[31]ことであり、それをタウラーは「内的人間と外的人間を挙げて」(bit ſime inren vnd vzeren menſchen)[32]愛すると説明する。また「能力をつくして」であるが、これは「一心に修練して」[33]つまり五感を制して神に向かうことであり、タウラーはこれを「愛の完成の姿、最高の段階」(der minnen alheit vnd der overſte grait)[34]であるとする。そして「ゲミュエテをつくして」(van alme gemvode)がくるが、この説明が圧巻である。このゲミュエテとは[35]、心、魂、能力を超える次元のものであり、タウラーが自らの神秘主義教育でグルントと呼ぶところのものである。このゲミュエテ＝グルントが諸能力より「はるかに気高く内的」(verre hore vnde innerliche)[36]であるのは、諸能力はこのゲミュエテから発しているからであり、ゲミュエテはすべてに形を与えるからである。またゲミュエテについて「それは神の内で自己を神と認識する」(dit bekent ſich got in gode)[37]と言い、一見エックハルトのような汎神論的表現のようではあるが、ゲミュエテ＝グルント自体は「創造されたもの、被造物である」(geſchafen vnd creature)[38]として、正統信仰からの逸脱を回避する。さらに異教の徒であるプロクロスの説を自己の立場として、ゲミュエテ＝グルントには「(人間自身がそこから流出した)源を憧れる永遠の傾き」(eyn ewich reyzen vnd ziein na ir)[39]が植え込まれており、それは地獄にいる魂からも奪われず、それゆえ魂は永遠に苦しむのだとする。またタウラーはここで珍しく知性の積極的な役割を認め、それは源に向かうためにあらゆる障碍を排除する役割をになうと語る。こうして魂が「自己自身の本性と諸能力、さらに自分が流出した(源たる)理性的な像(das eyn virnvftich bilde, vz deme ſi gevlozen iſt)[40]」を見ることが、〈幸いな目〉であるのである。この理性的な像とはアルベルトゥスがいう三位一体の像である。これが可能になるには、キリストであるイエスの柔和と謙遜の徳を身につけねばならない。

（う）［C］の場合

この説教も同じく、ルカの福音章句「あなたがたの見ているものを見る目は幸い」に依拠して展開するが[41]、目が「幸い」である所以についての直接の言及はない。むしろ一般的に外的目と内的目の区別から始まる[42]。外的目とは肉の目であるが、ここでは後者に集中して展開される。内的目とは「高貴な理性」（die eydele vermuonft）を指し、人間の理性は「盲目となってしまって真の光を知覚できない（dat id dys wairen lichtis neyt inſjt）[43]」という司牧者としての現実認識を語る。ここで説教［A］と同じく、タウラーは「被造物への愛と指向（mynne vnd meynuonge）、自己自身や自己の所有への愛と指向[44]」を象徴する喩えとして、厚く硬い皮膚および毛皮を用いる。そこからの救いは、罪の謙虚な告白と改心の意志によって可能となる。

ところでルカの福音が告げる弟子たちの〈幸いな目〉が見ているものは、救いの担い手であるイエスであったが、タウラーはそれを瀕死の人間のイエスであったとする。中世のわれわれは肉身のイエスを前にしてはいないが、「天と地と全被造物を創造した、偉大かつ崇高な力ある神と主（eynen groiſſen, wirdichen got vnd here）[45]」を見る「聖なる信仰[46]」の恵みが与えられているとして、いっそうの幸いを強調する。

さて［C］での〈幸いな目〉も、［A］と同じく、人間が自己の存在を無と認識する事態からくる。そして神はその一点のみを人間に求めると言うのである。これだけ獲得できれば、すべてを獲得できたことになるからである。ただし無の認識は、真に肚に落ちたもの、自己全体に透徹した認識でなければならない。タウラーは、人間の肉体も偉大な修練や業績も全くの無にすぎないことを日常的な例を引いて詳しく説明し、最後には、［A］

と似て、人間に内的かつ外的に欠陥が用意されているのは、すべからく無を悟るためだとする。だから、人間は偉大なものに関わることなく、「無たるグルントに沈む」（in den gruont inʃincken, in dyn neyt）[47]必要がある。それはイエスが模範として示した道であった。タウラーはパウロと同様に[48]、神の子は「本質と認識を超越しながら（ouoerweyʃelich vnd ouoerbekentlich）、惨めな被造物の（救いの）ために無となろうとした」[49]と言う。人間もイエスに倣って真に沈めば、事態は最善のものとなるのである。自己否定すなわち自我に徹底的に死ぬことが、逆説的に絶対の生を受けることになるわけである。

この説教で、タウラーはイエス・キリストの受難に絶対的な意味を与え、「辛抱強く耐え忍び、完き謙虚さを身につけ、主の受難によって自己を形成し、受難の中に入り込む」（mit geduoldichme lyden vnd mit oitmoidicheit dich in ʃyn lyden erbilden vnd dich dryn druoken）[50]ことの重要さを感動の内に力説する。「理性が捉えうる真理（vernuonftige wairheyt）[51]」を無限に超越する「真理の真理、生きた真理に到達する（leyuoende wairheyt, die wairheyt is）[52]」には、イエスとともに自我に死ぬ無の道が不可避である。それは修道者の生き方や知性的な生き方によってよりも、日常の平凡な道の中にあるとして、タウラーは一般の信徒の生き方の内に絶対の次元への突破の方向を示す。それは逆説の論理において実現する。徹底した謙遜が「内なる神聖な深淵への沈潜」（verʃincken in dat gotliche inrelige afgruonde）[53]を可能とし、完全な神との一致すなわち救いを可能とするのである。これをタウラーは「深淵は深淵を呼ぶ」という詩篇四二章八節の章句を用いて表現する。‚abissus abissim invocat.‘「被創造の深淵（Dat geʃchaffen afgruonde）が（神の深淵を）自己の内に招き入れる（inleyen）のは、自己の深さ（謙遜）ゆえである。自己の深さと自己の無の認識は、非創造の開かれた深淵（dat vngeʃchaffen offin afgruonde）を自己の内に引き入れ、そのとき一方の深淵は他の深淵に流れ込み、両者は唯一の一（eyn eynich eyn）となり、一方の無はもう一方の無と一致する（eyn neyt in dat ander neyt）」という。[54] エックハルトなら非創造と被創造の区別を言わないところを、タウラーは明言している。これがエックハルトに嗅ぎ取った汎神論の危険を回避する方策である。また両深淵の一致も、タウラーでは論理的に永遠に続くものではない。明白な存在論的区別は絶対だからである。タウラーにおいても神は永遠の実体であり、人間は本質を無とする被造物にすぎない。ただしそれは神の子が自己の生命を賭して救おうとした限りなく尊い存在であるのである。タウラーは［A］と同じく、徹底的に「無」そのものとなる謙虚さを生きることを悟る「目」を〈幸いな目〉と呼ぶのである。

タウラーでは神秘的合一の体験は、あくまでも神の在す高みへと昇りつめて実現することではない。反対に、人間が自己の個別的生の現実において、自己の罪深さもそれに起因する存在的無を徹底的に受け入れ、神の摂理を無限の愛と信じて、自我を放棄し、謙虚に摂理に身をゆだねることによって、つまり自己否定の極みにおいて実現するものでなければならなかった。こうして〈幸いな目〉とは、第一に、自らは罪なくして、罪びとである人間を救うために自己を捨てたキリスト・イエスの姿をとらえる目であった。そして同時に、自己が有限者たる罪びとであることを喝破する目、さらには魂のグルントで神に達せんと憧れつつ燃えている火花すなわち〈高貴〉を見る目であったのである。

第二節　比喩の諸相

前節では、「幸いな目」という比喩を通じて、神との合一を目指すタウラーの司牧思想を確認した。それによれば、この「目」とは、人間が信従すべきイエス・キリストの存在をとらえ、同時に罪深さを含めて自己の存在が畢竟するに無であることを認識し、魂のグルントで神との一致に向けて閃く火花という〈高貴〉を見る目を指しており、これを獲得するように求められるのであった。その意味で「幸いな目」は、タウラーの説教の根本的要請を示しているといえる。

タウラーは説教においてこの「幸いな目」以外にもさまざまな比喩を用いているが、ほとんどすべては彼のこの神秘主義的教導の過程を表現するためのものだといえる。本節ではさらに『V編集本』から、説教の順序に従ってタウラーの主要な比喩を取り出し、意味を考察したい。

［説教第二］「子供とその母親を連れ、イスラエルの地に行きなさい、など。」（Accipe puerum et matrem suis et vade in terram Israhel et cetera.）＝マタイ二章二〇節

この章句は直前の章句とともに、聖家族のエジプトからの帰還について語っており、全体がアレゴリー的に解釈されている。

イエスを殺そうとした〝この世〟すなわち「ヘロデ」は死んだが、その子アルケラオスが生きて支配を続けており、結局〝この世〟は依然として存在する。タウラーは〝この世〟を人間の魂を支配する内面的なものとし、〝霊的高慢、霊的不貞、悪霊〟を意味させている。ヨゼフは天使の警告を受けて、家族とともにエジプトからイスラエルに帰らねばならない。「ヨゼフ」とは〝神に叶う聖なる生活を送りつつ大いに成長すること〟自体を指し、彼が連れて行く「子（イエス）」は〝完全な純粋さ〟を、「母（マリア）」は〝神を愛する真の体験〟を意味している。さらに「エジプト」は〝人間が陥っている実存上の闇〟を、また「イスラエル」は〝神を観想する地〟を暗示している。この高貴な地に入るには、人間はすでに霊的に成長していなければならない。すなわち人

間は、〝神への告白〟を意味する「ユダ」の地、〝真の平和〟を指す「エルサレム」、〝超越〟を暗示する「ガリラヤ」、そして現世での最高の霊的境位である――それゆえ天国の前味である――〝永遠の生命の花が咲き乱れる神の花園〟という「ガリラヤ」に至らねばならないとされる。

［説教第七］「天の国はたとえられる」（Simile est regnum celorum.）＝マタイ二〇章一節

これはブドウ園の働き手を扱うもので、アレゴリー的解釈が施されている。神の像が人間の魂に映し出されるには、魂が露わとなり、被造物への執着から解放されていることが条件となるとされる。ブドウ園の「雇い主」とは、現世と天国、煉獄、地獄を支配する〝イエス・キリスト〟である。人間はほんらい〝神の次元〟を象徴するブドウ園に入るべく創造されたのであるが、自然本性の堕落により到達できない。そのために「雇い主」自ら早朝から出かけて働き手を募る。そこで発見したのは、自然本性を純粋のまま保つ無垢な人間であるが、彼らは愛と恵みを欠いており、怠惰で冷淡であるといわれる。「早朝の出かけ」は〝恵みの流出〟を意味する。「雇い主」の呼びかけに応えて神の次元を目指す人間には、三種類ある。最初は五感に従ってブドウ園に向かう人間であり、汚れた自己のグルントには不注意である。第二は感覚的満足を放棄し、自分自身の大きな欠陥を克服して、理にかなった修練をする人々である。最後は、すべての事物はおろか神からの流出物にさえ執着せず、受けた賜物も神に返し、神の栄誉だけを思う、ひたすら神に沈下する内的な人間である。「雇い主」はこの第三の状態にあることを働き手に求める。

タウラーは、「雇い主」であるブドウ園主はブドウの木から「悪い枝」を切るものだと言い、人間も同様にグルントから純粋でない〝あらゆる無秩序〟を切り取り、浄化された魂をイエスの聖なる生涯、存在、受難に結びつけよと教える。

［説教第八］「ユダヤ人の祭りがあった」（Erat festus judeorum.）＝ヨハネ五章一節

この説教の場面はベテスダの五つの回廊のある池である。最初にこの池に降り、水に触れる病人は癒やされるとされていた。ある病気の男がいたが、足が不自由なために池まで降りて行けず、その場に横になっていた。しかしイエスは言葉をかけて彼を癒やした。「池」は〝イエス〟自身であり、天使に動かされる「水」は神人〝キリストの血〟である。受肉者は自分のもとに来る人間をみな愛し、その血で洗おうとする。世の終わりまで、受肉者の血は救いのために不可欠だとされる。

ここでは「病人」とは〝精神的に不健康な人間〟を指す。また池の「五つの回廊」はキリストの〝五つの傷〟を象徴する。これはさらに〝五つの徳行〟をも意味している。その場合、回廊の「第一」は〝謙遜〟、「第二」は〝内面のグルントへの集中と罪の真実の痛悔〟、さらに「第三」は〝霊的清貧〟、「第四」は〝神から受けたすべての神への返還〟である。タウラーは、人間は〝五つの徳行〟に励んで神自体に還帰するべきだと語る。

［説教第九］「イエスはそこをたち、ティルスとシドンの地方に行かれた」（Jhesus ging us in die ende der lande Tyri und Sidonis.）＝マタイ一五章二一節

イエスは出て行き、ティルスとシドンに赴き、そこでカナンの女と出会った。女は病気の娘の癒やしをイエスに願うが、異教徒には癒やしを行わないと断られる。それでも願いの熱心さがイエスを動かし、娘は癒やされた。タウラーはイエスが出て行ったのは「律法学者」と「パリサイ人」だというが、前者は〝自分の知識を誇る人間〟、

後者は〝自分の霊的深みを自慢し、つねに他人を裁いている人間〟の喩えである。そしてイエスがやって来るのは「ティルス」と「シドン」であるが、これはそれぞれ〝試練〟と〝狩り〟を意味している。神はカナンの女のように自分を求める内的人間や世俗的事物に向かう外的人間を狩るのであるが、人間はこれに対してなすすべを知らない。ただ神に身をゆだね続けることでグルントに達し、神性に至るのである。

[説教第一二]「渇いている人は、来て、飲みなさい」(Si quits sit it, vein at eat bibat.) =ヨハネ七章三七b節

タウラーはこの章句から「渇く」と「飲む」に注目し、詩編四二章の渇いて谷川に水場をさがす鹿の喩えを用いて、説教を構成している。聖霊が魂に到来して愛と憧れに火をつけると、人間は神への「渇き」を覚える。神は人間に対する信実から人間を狩り、そうして「鹿」に喩えられた〝人間〟は〝七つの大罪〟を指す「犬」から試練を受ける。その人間は、キリストの〝十字架と受難〟を意味する「木」に犬の頭をぶつけて、犬を退散させねばならない。

[説教第二〇]「そのとき愛すべき方は」(Do der minnecliche.) =マルコ一六章一九節

この講話のテーマは「キリスト信従と天への憧憬」である。キリストの昇天の場所はオリーブ山であったが、この山は〝平和〟を意味する「エルサレム」と〝苦痛と従順と忍耐〟を意味する「ベタニア」の間にあるとされる。キリストはほんらい平和の町であるはずであったこのエルサレムで十字架にかけられ、殺されねばならなかった。信徒も平和の環境に身を置きながら自我を否定し、自己を神に奉献せねばならない。

［説教第二一］「これはあなたがたから離れて天に上げられたイエスである」（Das ist Jhesus, der von uch genummen ist in den Hummel wart.）＝使徒一章一一b節

前の第二〇説教の続編。信徒はユダヤ、エルサレム、サマリアで、イエス・キリストの証人でなければならない、という章句が扱われる。そのさいタウラーは「ユダヤ」の語に〝神への賛美〟、「エルサレム」に〝平和と苦難〟、「サマリア」に〝神との一致〟を暗示させる。そして聴衆に、それらをいかに実現したかと尋ね、信仰の質を問う。

［説教第二七］「イエスは弟子たちに言われた。門を通って入らない者は」（Dixit Jhesus discipulis suis: qui non intrat per hostium.）＝ヨハネ一〇章一節

イエス・キリストは羊の門であり、この門を通って入る人間は救われるという内容の章句全体が、アレゴリー化される。〝父なる神〟は「羊小屋」であり、〝キリスト〟は「囲いの門」に喩えられる。〝人間の魂〟である「羊」は諸聖人が集う小屋に入ろうとするが、そこでは〝聖霊〟が「門番」をしている。入れるのは、自分（のもの）を求めず、神とその栄光と御旨だけを望む羊だけである。〝自分の知性を誇っていて純粋に神を目指すことのない人間〟である「盗人」や〝いつも他人を裁いている人間〟である「人殺し」は、父なる神のもとにたどり着くことができない。キリストは高貴な「羊飼い」でもあり、彼を愛する善き「羊」を先導していき、彼らは神性の小屋に入って豊かな牧草を食(は)む。

［説教第三七］「ドラクマ銀貨を十枚持っている女がいて」（Que mulier habens dragmas decem et cetera.）＝ル

カ一五章八節

十枚のドラクマ銀貨を持っている女がその内の一枚を紛失したら、明かりを灯し、家を隈なく掃いて探さないだろうか、というイエスの問いに基づく。タウラーはドラクマ銀貨をペニヒ硬貨に置きかえた。「女」は〝神性〟を、「明かり」は〝キリスト〟を、「ペニヒ硬貨」は〝人間の魂〟を意味している。この硬貨には独自の重量があるが、天と地だけでなく神性そのものが沈んでいるために、言いえないほど重い。

［説教第三八］「あなたがたの父が憐れみ深いように、あなたがたも憐れみ深い者となりなさい」（Estote misericordes sicut et pater vester misericors est.）＝ルカ六章三六節

〝憐れみ深くあれ〟、〝誰をも裁くな〟というイエスの言葉から、タウラーは前段を信徒がなすべき「行為」とし、後段をしてはならぬこと、すなわち「放棄」とする。後半では『エステル記』五章一d—三節から「アスヴェルス王」が倒れそうになった「王妃エステル」を抱きかかえた話を取り上げ、〝天の父〟も弱り切った〝愛する魂〟を抱擁し、すべての弱さを克服できるように助けるのだと説明する。

［説教第四〇］「ヨハネがその子の名である」（Johannes est nomen eius.）＝ルカ一章一三b節

この章句では洗礼者ヨハネの生誕のいきさつが語られるが、ここでは固有名などが喩えとなっている。「ヨハネ」は〝その内に恵みがある〟を意味し、父の「ザカリア」は〝神の追憶、想起〟を表す。ザカリアは「祭司の務め」を行うが、これは〝五感に関わるものを追い出してゲミュエテに集中し、内なる神に対して犠牲を捧げること〟である。そこに現れる天使「ガブリエル」は〝神の力〟を指し、奉献に必要な「植物」は〝謙遜、従順、

柔和〟といった諸徳の喩えである。ザカリアの妻「エリザベート」は〝神により成し遂げられる〟という事がらを象徴している。

［説教第四二］「イエスはシモンの持ち舟に乗り」（Ascendit Jhesus in naviculam que erat Symonia.）＝ルカ五章三節

イエスがシモン（ペトロ）に、漁のために舟を海――もちろん聖書ではガリラヤ湖のことである――の沖に漕ぎ出すようにと促し、実際にそうしてみると網が破れるほど捕れたというくだりを扱っている。「舟」は人間の〝ゲミュエテ〟または〝望み〟を指すと、説教家タウラー自身が説明する。荒れ狂う「海」は〝不安な現世〟を指す。人間は被造物へのすべての執着を離れねばならない。漁の「網」は〝思考〟の喩えで、それを「海底に下ろす」とは、〝キリストのこの世での言行について深く黙想すること〟を意味する。そうすれば舟は嵐に激しく揺さぶられても、人間はよき平和にとどまるとされる。修練が進むと人間は内面の〝グルントに達する〟が、タウラーはこれを、沖の「高み」と「深み」に至ったことだと解釈し、それは人間の自我が破壊されたことだという。それは人間が自己のすべてを神に奉献することだとする。ただし聖書章句には、舟が網ごと沈んでしまったという事態はない。

［説教第四三］「霊によって導かれる者は皆、神の子なのです」（Qui spiritu dei aguntur, hij filij dei sunt.）＝ローマの信徒への手紙第八章一四節

タウラーはこの説教で、世間の多くの人間の生き方とは、貴重な財宝を舟に載せて恐ろしく深い海を航海して

いるようなものだと述べる。航路は暗くて霧がかかり、財宝は海水で錆が生じて汚れ、舟は雨に難儀するために、救助者――暗にキリストを指す――が必要である。「舟」は〝感覚器官（五官）〟を意味し、「霧」は〝自己に対する無知〟、「雨」は〝悪魔がもたらす高慢、自己満足、憂鬱、嫉妬など〟を指す。人間は告解の秘跡でこれに対処するよりは、自分の内面に還帰し、自己の弱さを認めて神に赦しを乞えばよいとする。

［説教第四八］「目を覚ましていなさい。いつの日、あなたがたの主が帰って来られるのか、あなたがたは知らないからである」（Vigilate quia nescitis horam quando dominus vester venturus sit.）it is Horai quandary dominus ＝マタイ二四章四二節

主人がいつ結婚式から帰宅するか分からないから、腰に帯をつけ燃えるたいまつを手にして目を覚まして待っていなさい、というイエスの言葉に基づいて展開する。召使いの「腰」は〝五感の快楽〟と解釈され、それは「帯」で制御しなければならない。「燃えるたいまつ」とは〝愛に基づく活動〟を意味し、神は可能なかぎりの実践を要求する。その状態を神が見出す人間は幸いなのである。タウラーは文脈を外れ、「結婚式」の場とは、〝三位一体の神の像が置かれている人間の魂のグルント〟であるとし、グルントの浄化を聴衆に求める。

［説教第五〇］「わたしを慕う人たちよ、皆わたしのもとに来て、わたしの実を心行くまで食べよ」（Transite ad me omnes qui concupiscitis me et a generacionibus meis adinplemini.）＝シラ二四章一九節

グレゴリウス一世が『ヨブ記注解』で示した『列王記　上』（一九章一一―一三節）の記述の比喩的解釈をふまえて、タウラーは解説していく。聖書章句の内容は次のとおりである。エリアが天使から、主が来られるので山

に登れと命じられ、それに従う。すると強烈な霊の嵐に吹かれ、堅い岩が打ち砕かれたが、主は来なかった。また恐ろしい地震、猛烈な炎に襲われるものの、やはり主は来なかった。しかしやがて囁きのような声の中に主は現れ、洞窟の入口に立っていたエリアはマントで目を覆った。タウラーは「堅い岩」とは〝我意に支配されたゲミュエテ〟のことであるとし、その打ち砕きを内面で耐え続けるようにと求める。「地震」という〝実存的な揺らし〟と「炎」という〝燃える愛〟を体験したのちに、神と出会うことになる。タウラーは「洞窟」は（エリアにおける）〝人間の忍耐力の欠如〟を指し、「入り口」は〝神性内を覗くこと〟だとする。

[説教第五四]「あなたの神である主を愛しなさい」（Diliges dominum deum tuum.）＝ルカ一〇章二七b節

朗読箇所から、主なる神を愛せよというテーマが取り上げられる。タウラーはクレルヴォーのベルナルドゥスの甘美な愛、賢明な愛、勇敢な愛の三分類を導入し、これを①彫刻の木製像、②銀製像、③純金像に喩え、説明する。①は〝五感の享楽〟だが、人間は努力によりこれを遠ざけて②の段階に至る。ここで人間は〝自己の卑小と無を認識し、神の闇を見つめる〟ことになる。これが持続すると③が来るが、人間はもはや自己を保てず、〝すべての支えを失って神の深淵に身をゆだねる〟しかなくなる。しかしここではじめて人間は本質的なものに作り上げられるとタウラーはいう。

[説教第六〇a]「イエスは弟子たちに言われた」（Dixit Jhesus discipulis suis.）＝ルカ十一章五a節

田舎から来た客に何かを食べさせようと、真夜中に友人を訪ねてパンを三つ求めたが断られる、というイエスの喩え話に、タウラーは同じくイエスの、願えば与えられ、探せば見つかり、叩けば開かれる、という別の言葉を組み合わせる。「願う」とは〝ゲミュエテを内に向けて神に求める〟こと、「探す」とは〝多くから一つを選ぶ〟こと、「叩く」とは〝目指すものを得るまであきらめない〟ことを意味する。パンを借りる相手である「友」とは〝ゲミュエテ〟のこと、「三つのパン」とは〝三位一体の認識〟だとされる。それは神との一致の方向性に置かれている。また観点を変えて、イエス・キリストを人間が通るべき戸と理解した上で、「叩く」場合には三種類ある、とタウラーはいう。それは、神の子の①愛すべき心と開いた脇腹の傷、②両手の開いた傷、③両足の傷であり、人間はこの内に入ることで神との合一を恵まれることを願うように、タウラーは諭す。

［説教第六〇b］「十一人の弟子たちが横になっていると」（Recumbentibus undecim discipulis.）＝マルコ一六章一四節

説教家は、復活の証言を信じなかった弟子たちの不信仰と心の頑なさをイエスが叱責されたことに注目し、現代（タウラーの時代）の信徒にも警告を与える。また心の頑なさという観点で、エレミア書（二章一三節）の生ける水源の神を捨てて、無用の壊れた水溜を掘ったというくだりを扱い、この「水溜」とは〝人間の感覚的で外的な修練、業、目論み〟を意味する、悪臭を放つものだとする。さらにこの「水溜」には〝知性をひけらかす理性的人間〟も含まれる。人間がこうしたグルントの状態を凝視し、自我の執着を否定して神に至れば、神は生ける水を注ぐとする。ここでは、〝霊的面での被造物像への執着〟も「姦淫」に喩えられている。タウラーはさらに、サン・ヴィクトル派のリカルドゥスの①傷つけられた愛、②捕えられた愛、③苦しめる愛、④燃やしつくす愛の四段階を導入している。

［説教第六三］「沖に漕ぎ出して網を下ろし、漁をしなさい」（Duc in altum et laxate recia vestra in capturam.）＝ルカ五章四節

説教第四一と同箇所を扱う。「シモン」は〃真に従順な人間〃を意味し、キリストが民衆を教えるために座る「舟」は〃グルント〃を示している。神に誠実な人間のグルントに、キリストは自らの安息の場を置くのである。舟を漕ぎ出すとは、〃この世的事物への愛着や身体の享楽〃である「陸」を離れることを意味する。「網」を投げるとは、〃魂の最低の諸能力の内にあるもの〃を捨て去ることを指す。人間は神の摂理という「深淵」に落ちて、神の望みを行うべきである。

［説教第六七］「わたしは父である神と主イエス・キリストに祈る。その父から天と地にあるすべての家族がその名を与えられている」（Flecto genua mea ad Deum et patrem Domini Jhesu Christi, a quo omnis paternitas in celo et in terra nominatur.）＝エフェソの信徒への手紙三章一四―一五節

パウロが、自分は父なる神の前にひざまずく。神が諸聖人とともに信徒に、キリストの愛の広さ、長さ、高さ、深さを理解させ、神に完全に満たされることを実現して下さるように、と願う章句が示される。タウラーはそのさいの「ひざ」とは〃内的ひざ〃を意味し、「ひざまずく」とは〃自己の完全な放棄、空化、収奪の断念〃のことだとする。求めるべき受難者の「広さ」とは〃神の遍在と無限の愛〃、「長さ」は〃永遠の今への還帰〃、「深さ」は〃知性には達しえぬ深淵〃、「高さ」は〃被造物が達しえぬ神の超越性〃を指すとする。

［説教第六九］「あなたの家に泊まることにしている」（In domo tua oportet me manere.）＝ルカ一九章五b節

ケルンの大聖堂の献堂式で読まれた、イエスが徴税人ザアカイの家に泊まると言った箇所に依拠する。タウラーは「献堂式」とは〃人間の新化〃を指し、人間は自己の自然本性が求める快や執着を抑えねばならないとする。ザアカイがイエスをひと目見ようとして上った「木」とは、〃五感と自然本性〃であり、〃上る〃は克服を意味する。自然本性の害が排除されると、旧約聖書のいう、神が三種類の翼に乗って歩む事態が生じる。①「鳩の羽」とは〃裁きと疑念と貪欲のない善良な人〃を指し、②「鷲の翼」は〃魂の全能力により高みに上昇する人〃であり、③「風の翼」とは〃神の形の最も内的な人〃である。

[説教第七二]「エルサレムに近づき、都が見えたとき、イエスはその都のために泣いた」(Cum appropinquaret Jhesus Jersalem videns civitatem flevit super illam.) =ルカ一九章四一節

イエスが(受難前に)到着したエルサレムの町を見て、来たるべき崩壊を悲しんで泣いた、というくだりを扱う。この「町」は〃聖なるキリスト教会と世俗的な心〃を象徴する。この町で「安穏としている人々」とは〃五感の快楽や望みに従って生きている人間〃であり、〃人間の魂と体〃の喩えである「神殿」は殺人者の巣窟、商売の家に堕した。神殿の「商人」は〃持たぬものを貪欲に求めて自由意志を放棄した人間〃であるとタウラーは考える。

註

(1) 三位一体の祝日は、聖霊降臨の祝日(移動祝日である復活祭から五〇日目にあたる)の次の主日である。それから数えて十三回目の主日には、このルカの章句を含む部分を朗読するように定められていた。

（2）2W, 145.
（3）「私たちが最高の至福の至純な真理（die lvterſte warheit der overſter ſelichet）が存在するグルントに到達できますように」（2W, 340）
（4）2Wにはない一文 „von dem do ich dise tage alhie ab sprach"（V, 346）が、この写本には含まれている。
（5）［C］は『V編集本』第四五、［B］は同第六四に相当する。
（6）この〈幸いな目〉が見るものについて、『新共同訳　新約聖書注解I』は、「弟子たちの見ているものとは、子がだれか、メシアがだれかを知っている、子はイエスであること、そのナザレのイエスの父は神であることを知っている、ものをいう。十二弟子の信仰表明『神からのキリスト（メシア）』（ルカ九・二〇）に対して、七十二人は『イエスは神の子である』ということを見る」と説明している（三二三頁）。
（7）タウラーの墓碑版に洗礼者ヨハネの姿が刻印されていたことからもわかるように、彼はこの聖人を敬愛していた。
（8）2W, 333.
（9）同箇所。
（10）2W, 336.
（11）エックハルトは個々の人間の特性を強調しない。救いについても、第二のペルソナが受肉時に人間の形相を受けたことによって実現するといい、そこには普遍性があっても個性はない。また神は人間がその被造性を離れることを最も望み、それができれば人間の意志は自由であると強調する。
（12）2W, 337.
（13）同箇所。
（14）2W, 336.
（15）同箇所。
（16）同箇所。
（17）2W, 335.
（18）„Warvmbe wenent ir, dat got dicke virhenge ober gude menschen, di in ſiner gewalt ſint, daz di vallent in ſvnde? Nit dan daz ſi ire

clenheit leren bekennen vnd leren ſich oytmydien vnd virnidegen vnde ſich vir ſmein.“ (2W, 337)

（19） 2W, 146.

（20） 同箇所。

（21） タウラーはこの「高貴」がアルベルトゥス・マグヌスやエックハルトやディートリヒ・フォン・フライベルクによって、,vunke der ſelen‘, ,boden‘, ,dulden‘, ,eyn bilde, in deme die heilige driveldicheit gebildet iſt vnd daz darinne gelegen iſt‘ と表現され、同一内容を有していることを承認している (W2, 147)。タウラーはこのうち最後のものだけをアルベルトゥスのものと認めているが、エックハルト自身は ,vunke, vunkelin‘ を用いている。この「高貴」は、ディートリヒの「至福直観について」では、神的実体の「類似」（similitude）と「像」（imago）が表現される能動知性（intellectus agens）である（『中世思想原典集成第十三巻 盛期スコラ学』平凡社、一九九三年、七九五頁以下を参照）。

（22） 2W, 147.

（23） Vgl.2W, 147.

（24） Michaelis Kirchner はこう述べている。„Synderesis oder Synteresis (gr. syntêrêsis = Bewahrung) nannten die Scholastiker das Gewissen und definierten es als den Lichtfunken der praktischen Vernunft (scintilla conscientiae), den der aus dem Paradiese vertriebene Adam bewahrt hat, als seine Potenz, als einen Habitus.“ (*Geschichte der Philosophie- Darstellung*, *Handbücher*, *Lexika*, ausgewählt von Mathias Betram, Digitale Blbliothek Bd.3, Directmedia Berlin 1998)

（25） 2W, 148.

（26） 2W, 150.

（27） エックハルトも同様のことを述べている。„Sol min ouge sehen die varwe, sô muoz ez ledic sin aller varwe.“ (*M.Eckhart*, *Deutsche Predigten*, *Eine Auswah1*, Reclam 2001, S.66)

（28） 2W, 150.

（29） 2W, 152 を参照。

（30） 2W, 152.

（31） 2W, 153.

(32) 同箇所。
(33) 同箇所。
(34) 2W, 154.
(35) リプアーリ語では「ゲミュオデ」であるが、本書では統一的に「ゲミュエテ」を使用する。
(36) 2W, 155.
(37) 同箇所。
(38) 2W, 155f.
(39) 2W, 156.
(40) 2W, 157.
(41) この外的目と内的目については、すでにエックハルトがその説教「彼は彼の日々に神に喜ばれ、義であることを見出された」（In diebus suis placuit deo et inventus est iustus.）で述べていることである。„Diu sêle hât zwei ougen, einz inwendic und einz ûzwendic. Daz inner ouge der sêle ist, daz in daz wesen sihet und sîn wesen von gote âne allez mittel nimet: daz ist sîn eigen werk. Daz ûzer ouge der sêle ist, daz dâ gekêret ist gegen allen crêatûren und die merket nâch bildelîcher wîse und nâch kreftlîcher wîse.“ (*Meister Eckhart, Werke I*, hrsg. v. Niklaus Langier, Frankfurt a.M., 1993,S.122)
(42) 1W, 85.
(43) 1W, 86.
(44) 同箇所。
(45) 1W, 89.
(46) 同箇所。
(47) 1W, 91.
(48) フィリピの信徒への手紙二章六―一一節で、パウロはこう述べる。「キリストは、神の身分でありながら、神と等しい者であることに固執しようとは思わず、かえって自分を無にして、僕の身分になり、人間と同じ者になられました。人間の姿で現れ、へりくだって、死に至るまで、それも十字架の死に至るまで従順でした。このため、神はキリストを高く上げ、あらゆる名にまさる名をお与えになりました。こうして、天上のもの、地上のもの、地下のものがすべて、イエスの御名にひざまずき、すべての舌が、『イエス・キリストは主である』と公に宣べて、父である神をたたえるのです。」

(49) IW, 96.
(50) IW,97.
(51) IW, 99.
(52) 同箇所。
(53) IW, 101.
(54) IW, 101f.

あとがき

中世の思想家で人物像がよく知られている例は、多くない。本書で取り上げたドミニコ会の神秘家説教者ヨハネス・タウラーの場合も、そうである。彼については、仏ストラスブール大聖堂のほど近くに建つ、かつてドミニコ会の修道院で後にプロテスタントへと改変された「新教会」（タンプル＝ヌフ）の中に、墓碑板が展示されている。それには長身で細面のドミニコ会司祭の姿が線描写されており、左の掌には旗を抱えた小羊が載っている。それは図像学的には、キリストの到来に向けて民衆に悔い改めを呼びかける洗礼者ヨハネの姿でもある。とすれば、この形像そのものは、興味深いことに、タウラー自身と彼の霊名の聖人である洗礼者ヨハネとの二重写しであることになる。実際にタウラーも、神秘主義霊性の観点からではあるが、同時代の人々に悔い改めと神のいのちへの参与を促した。

タウラーは生涯を神学者ではなく、説教家として生きた。教皇は十四世紀の当時、女子の修道会員を異端から守ることを重視して、ドミニコ会やフランシスコ会に説教による教導を要請しており、男子ドミニコ会員もそれに応えて、女子ドミニコ会員やベギンに対する司牧の使命を果たしていた。タウラーも故郷のシュトラースブルクでその目的のために説教活動に専念していたが、彼の説教の深い霊性思想は高い評価を受け、名声は広まった。彼の説教は修道女の手で記録され、その写本は多くの修道院等で回し読みされた。またケルンの女子ドミニコ会聖ゲルトルート修道院からは二度ほど招聘を受けて、ライン河を下って同地に滞在し、市民を交えた聴衆を相手に説教を行っている。

教皇が神聖ローマ皇帝寄りのシュトラースブルクに秘跡授受禁止令を下したため、他の修道士らとバーゼルに移住せざるを得なくなった時期には、タウラーは転任地で「神の友」の共同体を指導し、熱心に司牧に従事した。こうしてタウラーの「神との合一」を目指す教導のストラテジーは、同時代と後代に大きな影響を及ぼした。

しかし彼は著書はおろか、説教の自筆原稿さえも遺さなかった。その点でドイツ神秘主義を支えた他の二人のドミニコ会士とは異なる。思想上の師にあたるエックハルトの場合は、ラテン語やドイツ語による神学的著作と説教が数多くある。また同世代のゾイゼも、ミンネ文学的な著作『エグゼムプラール』を自ら校閲して、公にした。ところがタウラーはそうではなかった。彼の真筆と確定できるものは、わずかにチーズを送ったさいの送り状だけであった。彼はゾイゼとともに、俊秀の神学者エックハルトの神秘思想を継承し、独自の方向で展開したが、自著を書くことはなかった。タウラーは人々の魂を浄化する道を追求し、ひたすら修道者の教導に努力し続けた、無私の一司祭であった。人間の魂を深層まで熟知した練達の司牧者として、生涯を走り抜けたのである。神を愛していっそう深い信仰に生きんとする人々を励まし、温かく見守りながら、自我からの離脱すなわち「魂の浄化」の努力をあと押しした。タウラーという実直で篤実な人柄の説教家は、エックハルト的意味での天才的思想家ではなかったが、卓越した霊性上の教導者であった。その懇切で熟練した実践指導は、現代でも十分に有効である。彼の霊性思想はキリスト信従に徹した「魂の根底」の神秘主義である。

タウラーは十四世紀の前半と後の十年ほどを生きた。この中世後期の一時期も、ある意味では暗黒のヨーロッパ中世の相を呈しており、民衆の生活は過酷な現実にさらされていた。当時のドイツは教皇と皇帝との両陣営が深刻な対立状況にあり、隣国のフランス王国ではイギリス王国との間で、フランスの王位継承をめぐる百年戦争が勃発していた。また皇帝派のシュトラースブルクでも市参事会と托鉢修道会が激しく敵対しており、政界・俗界ともにひどく不安定で混乱した状況が続いていた。加えて、自然災害や天候不順による凶作と飢饉が起こり、黒死病などの疫病が暗く深い影を落としていた。これに関して、同時代の年代記者フリッチェ・クローゼナーは、とくに一三四八年の陰惨な「大ペスト禍」を活写しており、随伴して起こされた大規模なユダヤ人ポグロムと鞭打ち苦行者の群れの出現を記録している。一般民衆の意識には、この時代の様相は「終末的」と映ったことであろう。しかし同時期にシュトラースブルクの修道院で起居していたはずのタウラーは、なぜか世情の断末魔的騒然については沈黙している。理由は不明であるが、もちろん意識的に避けたはずである。その点は例えば、フランシスコ会の世俗的説教家であったレーゲンスブルクのベルトルトなどとは異なっている。説教を読むかぎり、タウラーは「神との合一」に向けて人々の魂を浄化することに専念している。おそらく世の無常を十分に自覚しながら、神秘主義的道程を一心に教導することが、自己にとっての第一義だと認識していたにちがいない。

本書は、後世に多大な思想的影響を及ぼしながら、これまでエックハルトの陰に隠れて学問的対象として取り上げられることの少なかったタウラーの神秘主義について、不十分ながら全体像を提示する試みである。順序としては、まずはタウラーの魂の根底論をエックハルトの神秘主義からの展開と位置づけて両者の魂論を比較し、その上で、タウラーのキリスト信従の立場を確認し、独自の魂論に基づく「神秘主義的階梯」の特徴を、彼の真正の諸説教において考察し、分析することとした。

タウラー研究の集積が乏しいなか、本書がこの卓越した神秘家の説教思想の理解の一助となることができるなら、著者にとってこれ以上のよろこびはない。

著者はもともとヘルマン・ヘッセの中後期作品を研究対象としていた。とくにフロイトやユングの深層心理学をふまえて作品の分析を行っていたが（修士論文の研究対象は『荒野の狼』であった）、南山大学の博士後期課程に在籍する頃から、同大学の独語学独文学科のオイゲン・ルカ教授（神言会司祭）に勧められて、ドイツ神秘主義の研究を始めることになった。最初は同教授の指導で、マティアス・レクサーの中高ドイツ語辞典を引きながらエックハルトの論述や説教を読んでいたが、やがて現在の本務校に専任講師として赴任する頃に、師からエックハルトの思想上の弟子にあたるヨハネス・タウラーの説教集を翻訳出版する予定を聞かされ、共訳者として関わることになった。中高ドイツ語の素人であった著者にとって、それは不安を伴う実に無謀な冒険であった。それから一九八九年の『タウラー全説教集Ⅰ』の刊行まで、五年以上も、授業や校務のかたわら、必死でテクストと格闘した記憶がある。著者は心理学的には深くとも倫理的で実践向きのタウラーよりも、ミンネ精神を湛える騎士文学的なゾイゼの『エグゼムプラール』の翻訳を希望したけれども、結局、霊性の道を進まんとする読者にはタウラーの説教思想の方が有益だという教授の一言で、断念せざるを得なかった。

ルカ教授と十年以上かけて翻訳した『全説教集』は、ようやく一九九九年の第Ⅳ巻で完結をみたが、その間の一九九三年度には本務校からドイツ連邦共和国での一年間の研修を許され、神言修道会のザンクト・アウグスティン修道院（ボン市近郊）で三か月間タウラーの説教研究を続けた。その後はレーゲンスブルク市に居を移して『全説教集Ⅲ』の訳稿作りに勤しんだ。冬学期が始まる秋からはアイヒシュテット大学のゲオルク・シュティーア教授、ロリス・ストゥルレーゼ教授のもとでほぼ半年間、中世神学と神秘主義について学んだ。また土曜日にはミュンヘンに出かけて、ルートヴィヒ・マクシミリアン大学のミヒャエル・フォン・ブリュック教授主宰の「仏教とキリスト教」の講座に出席した。成果は一九九六年に米国で開催された「仏教徒・キリスト者宗教交流」国際学会（米国シカゴ市、De Paul 大学）での発表"Nishitani's Emptyness and Tauler's Mysticism"に結実した。

その後は、タウラーと中世ドイツ神秘主義に研究を絞って幾編かの論考を書き、また宗教間対話に関する論文も発表してきた（その間、ドイツでのヘッセ新全集刊行に伴って企画された日本語翻訳全集の出版にも、一訳者として参加する機会を得た）。

そうして二〇一六年度、筑波大学に「タウラーのキリスト信従とグルント神秘主義」という題名で博士請求論文を提出することができた。本書はこの博士論文を基礎とし、これに一論考を足した上で、全体を加筆修正して成立したものである。

思えば、本書の完成までには実に長い年月がかかった。深遠かつ豊穣なタウラーの神秘思想の世界に著者の目を開かせ、その後もおよそ十年間懇切に読解を指導していただいたルカ教授には、どれほど感謝しても感謝しつくせない。また南山大学大学院博士課程での東方神秘主義のゼミでは、大森正樹教授から何度も研究上の貴重な助言をいただいた。この場を借りて心からお礼を申し上げたい。そして著者の学生時代からの恩師であった故本多正昭先生（産業医科大学名誉教授）の墓前にも、本書の出版を報告したい。先生は著者に、諸宗教はそれぞれの神秘主義的源泉を通じて出会うことができると言われ、タウラーの神秘主義研究の意義を説いて、精神的にあと押しして下さった。著者の研究生活はこの一言にずっと支えられてきたといっても過言ではない。本当に有難うございました。

最後になりましたが、本書の完成まで色々とご配慮いただき、世に出して下さった知泉書館の小山光夫社長に、心から感謝いたします。まことに有難うございました。

橋本裕明

人名索引

事 項 索 引

ア　行

カ　行

サ　行

タ　行

ナ　行

ハ　行

マ・ヤ　行

ラ・ワ　行

文 献 表

一次文献

JOHANNES TAULER

Tauler. *Die Predigten Taulers, aus der Engelberger und der Freiburger Handschrift sowie aus Schmidts Abschriften der ehemaligen Straßburger Handschriften.* Herausgegeben von Ferdinand Vetter. Berlin 1910. Reprint. Dublin / Zürich: Weidmann, 1968.

———, *Sermons de J. Tauler et autres écrits mystiques I, Le Codex Vindobonensis 2744.* Édité par A. L. Corin. Liège: H. Vaillant- Carmanne, 1924.

———, *Sermons de J. Tauler et autres écrits mystiques II, Le Codex Vindobonensis 2739.* Édité par A. L. Corin. Liège: H. Vaillant-Carmanne, 1929.

———, *Basler Taulerdruck.* Herausgegeben von Adam Petri. Basel 1522. Unveränderter Neudruck. Frankfurt am Main: Minerva, 1966.

———, „Zwei Predigten J. Taulers nach der Abschrift Carl Schmidts der ehemaligen Strassburger Handschriften." *Johann Tauler als Prediger.* Herausgegeben von Dick Helander. Dissertation. Lund: 1923, 346-361.

———, *Textbuch zur Mystik des deutschen Mittelalters, M. Eckhart, J. Tauler, H. Seuse.* Herausgegeben von Josef Quint. Halle / Sale 1927. 3., unveränderte Auflage. Tübingen: Max Niemeyer, 1978.

———, *Nicolaus von Basel bericht von der Bekehrung Taulers.* Herausgegeben von Carl Schmidt. Strassburg: C. F. Schmidt's Universitäts-Buchhandlung, 1875.

———, *Johannes Tauler Predigten,* Bd I. Herausgegeben und Übersetzt von Georg Hofmann. Einsiedeln: Johannes, 1979.

———, *Johannes Tauler Predigten,* Bd II. Herausgegeben und Übersetzt von Georg Hofmann. Einsiedeln: Johannes, 1979.

———, *Johannes Tauler Sermons,* Classics of Western Spirituality. Edited by Maria Shrady. New York / Mahwah: Paulist Press, 1985.

———, *Deutsche Mystikerbriefe des Mittelalters 1100 -1550.* Herausgegeben von Wilhelm Oehl. München: Georg Müller, 1931.

———, 『タウラー全説教集 I』, E・ルカ編／E・ルカ, 橋本裕明訳, 南山大学学術叢書, 行路社, 1989 年

———, 『タウラー全説教集 II』, E・ルカ編／橋本裕明訳, 南山大学学術叢書, 行路社, 1991 年

――――，『タウラー全説教集Ⅲ』，Ｅ・ルカ編／橋本裕明訳，南山大学学術叢書，行路社，1994 年
――――，『タウラー全説教集Ⅳ』，Ｅ・ルカ編／橋本裕明訳，行路社，1999 年

MEISTER ECKHART

Eckhart. *Meister Eckhart und seine Jünger, ungedruckte Texte zur Geschichte der deutschen Mystik.* Herausgegeben von Franz Jostes. Berlin: Walter de Gruyter,1972.

――――, *Meister Eckhart, Die deutschen und lateinischen Werke, Die deutschen Werke,* Bd. I. Herausgegeben und Übersetzt von Josef Quint. 1958. Unveränderter Nachdruck. Stuttgart: Kohlhammer, 1986.

――――, *Meister Eckhart, Die deutschen und lateinischen Werke, Die deutschen Werke,* Bd. II. Herausgegeben und Übersetzt von Josef Quint. Stuttgart: Kohlhammer, 1971.

――――, *Meister Eckhart, Die deutschen und lateinischen Werke, Die deutschen Werke,* Bd. III. Herausgegeben und Übersetzt von Josef Quint. Stuttgart: Kohlhammer, 1976.

――――, *Meister Eckhart, Die deutschen und lateinischen Werke, Die deutschen Werke,* Bd. IV-1, 1.-4. Lieferung. Herausgegeben und Übersetzt von Georg Steer. Stuttgart: Kohlhammer, 1997.

――――, *Meister Eckhart, Die deutschen und lateinischen Werke, Die deutschen Werke,* Bd. IV-1, 5.-8. Lieferung. Herausgegeben und Übersetzt von Georg Steer. Stuttgart: Kohlhammer, 2002.

――――, *Meister Eckhart, Die deutschen und lateinischen Werke, Die deutschen Werke,* Bd. V. Herausgegeben und Übersetzt von Josef Quint. 1963. Unveränderter Nachdruck. Stuttgart: Kohlhammer, 1987.

――――, *Meister Eckhart, Die deutschen und lateinischen Werke, Die lateinischen Werke,* Bd. V. Herausgegeben von Loris Sturlese, Stuttgart: Kohlhammer, 2006.

――――, *Deutsche Mystiker des 14. Jahrhunderts,* Bd. 2. Meister Eckhart. Herausgegeben von Franz Pfeiffer. Leipzig 1845. Neudruck. Aalen: Scientia,1962.

HEINRICH SEUSE

Seuse. *Heinrich Seuse, Deutsche Schriften.* Herausgegeben von Karl Bihlmeyer. Unveränderter Nachdruck. Frankfurt am Main: Minerva, 1961.

BERNARDUS CLARAEVALLENSIS

Bernardus Claraevallensis. *S. Bernardi Opera. Vol. II. Sermones super Cantica Canticorum 36-86.* Herausgegeben von Jean Leclerdq, C. H.Talbot, Henri Rochais, Roma: Cistercienses, 1958.

MARTIN LUTHER

Luther. *D. Martin Luthers Werke, Kritische Gesamtausgabe. Teil 1, 1 Bd.* Herausgegeben von J. K. F. Knaake und anderen. Unveränderter Nachdruck der Ausgabe von 1883, Weimer: Hermann Böhlaus Nachfolger, 2003.

———, *D. Martin Luthers Werke, Kritische Gesamtausgabe. Teil 1, 9 Bd.* Herausgegeben von J. K. F. Knaake und anderen. Unveränderter Nachdruck der Ausgabe von 1893, Weimer: Hermann Böhlaus Nachfolger, 2003.

———, *Martin Luthers Briefe 1-2.* Herausgegeben von Reinhard Buchwald. Leipzig: Insel, 1909.

———, *Protestantische Mystik, Von Martin Luther bis Friedrich D. Schleiermacher, Eine Textsammlung.* Herausgegeben von Klaus Ebert. Weinheim: Deutscher Studienverlag, 1996.

JOHANN ARNDT

Arndt, Johann. *Vier Bücher Vom wahren Christentum——das ist von heilsamaer Buße, herzlicher Reue und Leib über die Sünde und wahren Glauben, auch heiligem Leben und Wandel der rechten wahren Schriften nebst desselben Paradies-Gärten.* Berlin: Tiuwitzsch und Sohn, 1852.

JAKOB SPENER

Spener, Jakob. *Die Werke Philipp Jakob Speners——Studienausgabe, Bd. I: Die Grundschriften Teil 1.* Herausgegen von Kurt Aland. Gießen: Brunnen, 1996.

二次文献

von Basel, Nicolaus. *Bericht von der Bekehrung Taulers.* Straßburg: C. F. Schmidt's Universität-Buchhandlung, 1875.

Brinkmann, Hennig. *Mittelalterliche Hermeneutik.* Tübingen: Max Niemeyer, 1980.

Cognet, Louis. *Gottes Geburt in der Seele——Einführung in die Deutsche Mystik——.* Freiburg im Breisgau: Herder, 1980.

Enomiya-Lassalle, Hugo M. *Zen und christliche Mystik.* Freiburg im Breisgau: Aurum, 1986.

Filthaut, Ephrem hg. *Johannes Tauler, ein deutscher Mystiker, Gedenkschrift zum 600. Todestag.*Essen: Hans Driewer, 1961.

———, „Johannes Tauler und die deutsche Dominikanerscholastik des XIII. / XIV. Jahrhunderts.“ *Johannes Tauler, ein deutscher Mystiker, Gedenkschrift zum 600. Todestag,* 94-121.

Flasch, Kurt. *Einführung in die Philosophie des Mittelalters.* Darmstadt: Wissenschaftliche Buchgesellschaft, 1987.

———, *Meister Eckhart. Philosoph des Christentums.* München: C. H. Beck, 2010.

Gandillac, Mauricede. *Valeur du temps dans la pédagogie spirituelle de Jean Tauler.* Conférence Albert-le-Grand 1955. Paris: Pauls Touchette, 1956.

Gandlau, Thomas. *Trinität und Kreuz——Die Nachfolge Christi in der Mystagogie Johannes Taulers——*. Freiburg im Breisgau: Herder, 1993.

Gnädinger, Louise hg. *Johannes Tauler.* Olten: Walter, 1983.

———, *Johannes Tauler——Lebenswelt und mystische Lehre——*. München: C.H. Beck, 1993.

Grundmann, Herbert. *Religiöse Bewegungen im Mittelalter.* Berlin 1935. 4. Unveränderte Auflage. Darmstadt: Georg Olms, 1977.

Grunewald, Käte. *Studien zu Johannes Taulers Frömmigkeit.* Hildesheim: H.A. Gerstenberg, 1972.

Haas, Alois M. *Nim din selbes war——Studien zur Lehre von der Selbsterkenntnis bei Meister Eckhart, Johannes Tauler und Heinrich Seuse.* Freiburg / Schweiz: Uni-Verlag, 1971.

———, „Deutsche Mystik.“ *Die deutsche Literatur im späten Mittelalter 1250-1370.* Herausgegeben von Ingeborg Glier. München: C. H. Beck, 1987, 234-305.

———, *Gottleiden——Gottlieben,* Zur volkssprachlichen Mystik im Mittelalter. Frankfurt am Main: Insel, 1989.

———, „Sinn und Tragweite von Heinrich Seuses Passionmystik.“ *Die Passion Christi in Literatur und Kunst des Spätmittelalters.* Herausgegeben von W. Haug / B. Wachinger. Tübingen: Max Niemeyer, 1993, 94-112.

———, *Mystik als Aussage, Erfahrungs-, Denk- und Redeformen christlicher Mystik.* Frankfurt am Main: Suhrkamp, 1996.

Helander, Dick. *Johann Tauler als Prediger.* Dissertation. Lund: 1923.

Hernández, Julio A.. *Studien zum religiös-ethischen Wortschatz der deutschen Mystik.*Berlin: Erich Schmidt, 1984.

Hufnagel, Alfons. „Taulers Gottesbild und Thomas von Aquin.“ *Johannes Tauler, ein deutscher Mystiker, Gedenkschrift zum 600. Todestag.* 1961, 162-177.

Kunisch, Hermann. *Das Wort „Grund“ in der Sprache der deutschen Mystik.* Dissertation. Osnabrück: Pagenkämper, 1929.

Mertens, Volker / Schiewer, Hans-Jochen hg. *Die deutsche Predigt im Mittelalter, Internationales Symposium am Fachbereich Germanistik der Freien Universität Berlin vom 3. -6. Oktober 1989.* Tübingen: Max Niemeyer, 1992.

Pleuser, Christine. *Die Benennungen und der Begriff des Leides bei J. Tauler.* Berlin: E. Schmidt, 1967.

Preger, Wilhelm. *Geschichte der deutschen Mystik im Mittelalter, Teil 1, Geschichte der deutschen Mystik bis zum Tode Meister Eckharts.* Neudruck der Ausgabe 1874-1893 in 3 Teilen. Aalen: Otto Zeller, 1962.

———, *Geschichte der deutschen Mystik im Mittelalter, Teil 3, Tauler. Der Gottesfreund*

vom Oberlande. Merswin. Aalen: Otto Zeller, 1962.

Rahner, Hugo. „Die Gottesgeburt." *Zeitschrift für katholische Theologie* Bd.59. Innsbruck: Rauch, 1935, 333-418.

Rath, Wilhelm. *Der Gottesfreund vom Oberland.* Stuttgart: Freies Geistesleben, 4. Auflage.1985.

Rehe, Bernd Ulrich. *Der Reifungsweg des inneren Menschen in der Liebe zu Gott——Zum Gespräch bereit: Johannes Tauler.* Bern: Peter Lang, 1989.

Reiter, Peter. *Der Seele Grund——Meister Eckhart und die Tradition der Seelenlehre——.* Dissertation. Würzburg: Königshausen & Neumann, 1993.

Reusche, F. H. „Drei deutsche Prediger auf dem Index." *Alemannia. Zeitschrift für Sprache, Literatur und Volkskunde des Elsasses und des Oberrheins* VIII. 1880, 24-25.

Rucker, Eugen. „Die authentischen Tauler-Predigten." 南山大学研究紀要「アカデミア文学・語学編 47」名古屋，1989 年（所収）。

Ruh, Kurt. *Meister Eckhart, Theologe—Prediger—Mystiker.* München: C. H. Beck, 1985.

Renate Schmitt-Fiack, *Wise und wisheit bei Eckhart, Tauler, Seuse und Ruusbroec* .Meisenheim am Glan: Anton Hain, 1972.

Schmoldt, Benno. *Die deutsche Begriffssprache Meister Eckharts.* Heidelberg: Quelle & Meyer, 1954.

von Siegroth-Nellessen, Gabriele. *Versuch einer exakten Stiluntersuchung für Meister Eckhart, Johannes Tauler und Heinrich Seuse.* München: Wilhelm Fink, 1979.

Sturlese, Loris. „Tauler im Text. Die philosophischen Voraussetzungen des ‚Seelengrundes' in der Lehre des deutschen Neuplatonikers Berthold von Moosburg." *Beiträge zur Geschichte der deutschen Sprache und Literatur.* 109 Band. Tübingen: Max Niemeyer, 1987, 390-426.

Trusen, Winfried. *Der Prozeß gegen Meister Eckhart——Vorgeschichte, Verlauf und Fogen——.* Paderborn: Ferdinand Schöningh, 1988.

Vannier, Marie-Anne. "Jean Tauler et les amis de Dieu." *700e Anniversaire de la Naissance de Jean Tauler.* Rev SR, No4 Octobre, 2001.

Wallmann, Johannes. *Der Pietismus.* Göttingen: Vandenhoeck & Ruprecht, 2005.

Walschütz, Erwin. *Denken und Erfahren des Grundes.* Wien: Herder, 1989.

Wyser, Paul. „Taulers Terminologie vom Seelengrund." *Altdeutsche und altniederländische Mystik.* Darmstadt: Wissenschaftliche Gesellschaft, 1964, 324-352.

Zekorn, Stefan. *Gelassenheit und Einkehr——Zu Grundlagen und Gestalt geistlichen Lebens bei Johannes Tauler.* Würzburg: Echter, 1993.

金子晴勇『ルターの人間学』創文社，1975 年

———，『ルターとドイツ神秘主義』創文社，2000 年

樺山紘一『ゴシック世界の思想像』岩波書店，1976 年

香田芳樹『マイスター・エックハルト　生涯と著作』創文社，2011 年

橋本裕明「エックハルトからタウラーへ——‚grunt' 概念の変質の問題」，『ドイツ文学研究』

27（日本独文学会東海支部，1995 年），77-88 頁。

———，「タウラーにおける ,unio mystica'」，『ドイツ文学研究』28（日本独文学会東海支部，1996 年），1-11 頁。

———，「タウラーの神秘思想におけるキリスト像」，名古屋芸術大学研究紀要　第 22 巻（2001 年），103-119 頁。

———，「タウラーの三篇の〉Beati oculi〈説教を読む——「幸いな目」の隠喩的意味をめぐって」，名古屋芸術大学研究紀要　第 25 巻（2004 年），123-132 頁。

辞　書　類

Dinzelbacher, Peter hg. *Wörterbuch der Mystik.* Stuttgart: Kröner, 1989.

Gärtner, Kurt / Gerhardt, Christoph / Jaehrling, Jürgen / Plate,Ralf / Röll, Walter / Timm, Erika. *Findebuch zum mittelhochdeutschen Wortschatz mit einem rückläufigen Index.* Stuttgart: S. Hirzel, 1992.

Lexer, Matthias. *Mittelhochdeutsches Taschenwörterbuch mit den Nachträgen von Ulrich Pretzel.* 38. Unveränderte Auflage. Stuttgart: S. Hirzel, 1992.

『キリスト教神学事典』教文館，1995 年

『新カトリック大辞典』研究社，1996 年

『新共同訳　聖書（旧約聖書続編つき）』日本聖書協会，2006 年

『新共同訳　新約聖書注解Ⅰ』日本基督教団出版局，1991 年

橋本 裕明（はしもと・ひろあき）

1953年愛知県に生まれる。1981年南山大学大学院文学研究科（独文学専攻）博士後期課程単位取得退学。現在，名古屋芸術大学芸術学部教授。博士（文学）：筑波大学。
〔著訳書〕『東洋的キリスト教神学の可能性』『タウラー全説教集』第Ⅰ－Ⅳ巻（以上，行路社）。『中世思想原典集成16―ドイツ神秘思想』（平凡社），『ヘルマン・ヘッセ全集』2,6（臨川書店）。『ヘッセへの誘い』（毎日新聞社）。『ヘルマン・ヘッセをめぐって―その深層心理と人間像』（三修社），など。

〔タウラーの〈魂の根底〉の神秘主義〕　ISBN978-4-86285-301-1

2019年8月25日　第1刷印刷
2019年8月30日　第1刷発行

著　者　橋　本　裕　明
発行者　小　山　光　夫
印刷者　藤　原　愛　子

発行所　〒113-0033 東京都文京区本郷1-13-2
電話03（3814）6161 振替00120-6-117170
http://www.chisen.co.jp
株式会社 知泉書館

Printed in Japan　印刷・製本／藤原印刷